大夏书系·有效教学

重塑课堂
CHONGSU KETANG

超越分数的教学案例与评析

赵希斌 黄月初 编著

华东师范大学出版社
全国百佳图书出版单位

图书在版编目（CIP）数据

重塑课堂：超越分数的教学案例与评析/赵希斌，黄月初编著.—上海：华东师范大学出版社，2015.11
ISBN 978-7-5675-4220-4

Ⅰ.①重… Ⅱ.①赵… ②黄… Ⅲ.①课堂教学—教案（教育）—中学 Ⅳ.①G632.421

中国版本图书馆 CIP 数据核字（2015）第 258545 号

大夏书系·有效教学

重塑课堂：超越分数的教学案例与评析

编　　著	赵希斌　黄月初
责任编辑	任红瑚
封面设计	艾　米
出版发行	华东师范大学出版社
社　　址	上海市中山北路3663号　邮编200062
网　　址	www.ecnupress.com.cn
电　　话	021-60821666　行政传真 021-62572105
客服电话	021-62865537
邮购电话	021-62869887　地址　上海市中山北路3663号华东师范大学校内先锋路口
网　　店	http://hdsdcbs.tmall.com
印 刷 者	北京密兴印刷有限公司
开　　本	700×1000　16开
印　　张	12.5
字　　数	165千字
版　　次	2015年11月第一版
印　　次	2017年8月第三次
印　　数	11 001-14 000
书　　号	ISBN 978-7-5675-4220-4/G·8731
定　　价	32.00元
出 版 人	王　焰

（如发现本版图书有印订质量问题，请寄回本社市场部调换或电话021-62865537联系）

目录 CONTENTS

001 前 言

001 第一辑 把握教学内容

  学生在基础教育阶段要学习的知识可谓无数，如何处理这浩如烟海的教学内容，让学生既获得真正的素质提高，又能够应对现实的考试压力？

003 用——学以致用
020 辨——批判性思维
039 实——扎实的学科基本功
058 正——正确先进的价值观
076 通——通联广达

093　第二辑　把握教学形式

　　什么样的教学形式既可以达成教学目标，又能够调动学生的学习积极性？

095　引——引生入"胜"
109　问——好问题驱动教学
122　比——打比方、举例子、作比较
135　动——让学生动起来
150　趣——乐趣、兴趣、情趣

169　结语与建议
191　后　记

前　言

　　如果有一个人能够准确地预测未来，有多少人会希望找他预测一下自己哪一天会离开这个世界，以后的每一天会遇到什么人、会发生什么事？要得到这种预测的人会很少，因为如果自己生命的每一天都已知，这样的人生就失去了新鲜，失去了可能性，会很无聊。当前的中小学教学可能正在陷入这种困境，当下的所有的努力及未来所做的一切都是那么明确和不可改变——分数、升学率、二本率、重点率……一沓沓的试卷、一摞摞的参考书，教师像高级的工匠，默默地规划和执行着每一道工序。教师可能很自信，在应试的路上越走越顺；教师也可能很失望，他们盯着那毫无悬念的终点，他们也能预知这条路上将会发生的一切。

　　几天前，笔者看到北京的一所小学门前竖起一个喜报板，是北京的一所高中发来的，祝贺、感谢这所小学为他们输送的学生在今年高考时考分超过600分。学校、教师、家长陶醉在这荒诞的世界中，学校俨然成了一个插满了塑料花的花园——一切看起来那么逼真，一切看起来又是那么虚无。有一百个理由能证明这是合理的，有一千个原因能表明这是无奈的，但总要一个理由，也应该有一个理由，告诉我们，这一切可以改变，这一切也应当改变。

　　这本书基于湖南师范大学附属中学——湖南省最好的中学之一——真实的教学案例，其中的内容让我们看到了教学的改变，也看到了改变的理由——不屈服。分数、升学率自以为是教学和教师的主人与上帝，它们轻蔑地笑看教师臣服在自己设定的情境中。但是，有些教师就是不服！有些学校就是不服！他们即使戴着镣铐也要跳舞！他们就是要在这情境中上演自己的剧本！他们向分数、升学率低吼：这是我的讲台，这是我的课堂！

　　湖南师大附中不是不要分数和升学率，相反，该校的分数和升学率在湖南省一直名列前茅。这些教学案例向我们显示：教学可以超越分数，可以很精彩，可以让学生有更多的收获，可以呈现更多的可能性。因此，这样的教学在现实的舞台上上演了一出富有教育理想的好戏。

分数、升学与学生全面发展在现实中构成矛盾的两个对立面。我们不应惧怕和回避矛盾，因为矛盾是事物发展的根本动力。教师不能忽视分数，分数已然成为绝大多数学校、教师、家长、学生都无可躲避的一种基本生态环境，忽视分数就是回避矛盾；教师也不能臣服于分数，否则就牺牲了学生的发展、放弃了自己的教育理想。那么，面对分数与学生发展的矛盾，教师应该做的就是通过优化教学内容和教学形式，让学生在获得分数的同时也获得更全面、更好的发展。因此，优化教学内容和教学形式就是当下中小学教学获得改进的核心举措。

本书展示的是湖南师大附中的教师优化教学内容和教学形式的具体案例，这有助于解决分数和学生发展之间的矛盾，解决矛盾的条件是教师具有相当高的素质和教学水平，而解决矛盾的过程也是教师成长提高的过程。我们希望通过这本书，能有更多的教师看到这种努力，看到教学改进的希望与可能性。

2012年，笔者给湖南特级教师做培训时（国培计划2012——湖南省中小学特级教师高级研修项目北京师范大学特级教师培训班）构建了优质教学的十个指标：

- 把握教学内容：高、思、实、正、通。
- 把握教学形式：引、问、比、动、趣。

这是理论的总结，也是本人的实践经验。基于这十个指标，笔者在2013年出版了《魅力课堂——高效与有趣的教学》一书。[①] 2014年，"湖南省高端研修项目北京师范大学高中校长高端研修班项目"安排笔者主讲了《高效与有趣的教学》，讲座内容基于上述十个指标，得到了参训校长的认同与共鸣。

---

① 赵希斌：《魅力课堂：高效与有趣的教学》，华东师范大学出版社2013年。

这次参加培训的四十位校长都来自湖南省最优秀的高中，代表了湖南高中教学的最高水平。笔者和项目主任——北京师范大学教师培训学院黄文峰副院长及项目主管戴琼老师商议，如何将优质教学的标准真正落实到一线教学中，我们决定从参训学校中找一所试点校，请学校教师根据上述十个标准提交符合优质标准的案例。这样做的意义在于：

- 教师能根据优质教学的指标提供精到的教学案例，说明他们真正理解了这些指标，这是提高教师的理论水平和教学反思能力的过程。

- 每一个教师从不同的角度和层面提出高质量的教学案例，经过汇总和分类，将成为非常丰富的案例库。同侪的经验最能引起共鸣，真实的教学案例最有启发性和说服力，能够被教师直接、高效地学习和借鉴。

- 在学校层面，这是一次典型的源自教学又指导教学的高效教研活动，是促进教师学习、实践、反思的契机。

项目组找到湖南师范大学附中的黄月初副校长，黄校长欣然应允将师大附中作为提交案例的实验校。项目组编写了详细的案例说明和样例，黄校长进行了周密的安排。两个月之后，由学校部分骨干教师撰写的近200个教学案例提交上来了。

让人欣喜的是，教师们认真学习和领会了优质教学的十个标准，提交的案例质量很高，其中相当多的案例让我们很激动——这样的教学已经超越了应试训练，很好地解决了分数与学生发展之间的矛盾，"重塑"了一个活泼、生动、富有生命力的课堂。这样的教学不但学生是受益者，教师也是受益者，在教学中涌动想象力和创造性，这是教师建立职业效能感的一个重要条件。

本书以《魅力课堂——高效与有趣的教学》中的十个指标为基础，以案例加点评的方式呈现了一线教师在教学中的努力与收获。对于教师来说，高效与有趣的教学同样要满足两方面的条件：一是把握好教学内容，二是把握好教学形式。把握好教学内容意味着教师对教学内容有非常深刻的理解，能够在教学中凸显学科教学中最有价值的成分；把握好教学形式意味着教师能够以恰当的、吸引学生的方式进行教学，能够最大程度地将学科教学内容中的精华传递给学生，引导学生富有热情地学习。根据一线的教学实际情况以及教师们提交的案例的内容，《魅力课堂——高效与有趣的教学》中提到的"高"在本书没有出现，"思"在本书则分解为"用"和"辨"两个指标，因此本书优质教学的指标包括以下十个方面：

把握教学内容：用、辨、实、正、通。

把握教学形式：引、问、比、动、趣。

本书呈现的案例或者启发教师应该怎么做，或者使教师警惕不能怎么做。有些案例是教师可以直接借鉴的，而有些却是需要教师从中体会其反映的原则和精神，不能简单模仿和照搬。每个优质教学的指标都有很多种表现方式，本书呈现的案例可能只是其中的一种或几种。因此，我们在每个指标的最后会呈现一个小结，提出实现该指标的方向和策略，教师要结合自身的实际情况，在本书案例的启发下，创造属于自己的、有效的教学方法。

我们不仅希望教师能够认同本书提出的优质教学的指标及相应的案例，还能够实现这些指标，而这需要教师学术素养的提高，为此我们在本书的最后提出了建议——教师要多读书以及教师如何读书。本书也是湖南师大附中"现代教育实验学校建设"（湖南省基础教育综合改革项目之一）中教学改革的阶段性成果之一，我们希望这本书是一个新起点，激起湖南师大附中教师更大的教改热情，生成更多的教研成果。

著　者

2015 年 8 月

第一辑　把握教学内容

学生在基础教育阶段要学习的知识可谓无数，但这些知识有多少支持了学生的可持续发展？有多少是考过了就忘，出了校门就还给老师的？如何处理这浩如烟海的教学内容，让学生既获得真正的素质提高，又能够应对现实的考试压力？

从教师和教学的角度来看，确定教学目标是教学的前提，其核心就是对教学内容的把握。同样是经历了一堂课、经历了一个学期、经历了一个学年，教着看起来同样的内容，但由于教师的把握和处理方式不同，学生的收获可大不一样。

以下是恰当把握教学内容、实现高质量的教学的五个指标：

用——学以致用

辨——批判性思维

实——扎实的学科基本功

正——正确先进的价值观

通——通联广达

教学内容的把握主要体现在备课阶段，对照上面五个指标，教师要思考的是：教学内容要如何组织和呈现，才能实现上述五个指标。举例说来，要想实现学以致用，教师在备课时就要思考：除了课本与教参的资料，还要给学生准备哪些内容，让这节课所教的内容能够与学生的生活经验联系起来，或者准备一个怎样的实际问题，能够让学生将所学知识用来解决实际问题。

用——学以致用

用：将知识学习置于真实的情境中，与学生的经验相关联，鼓励学生用所学知识解决实际问题。

要解决的问题：怎样将抽象知识与学生的经验关联起来？怎样将学习置于真实的情境中？怎样引导学生学以致用，用所学知识解决实际问题？

教师可以从以下三个方面入手促进学生学以致用：

（1）让抽象知识与学生的感性经验和具体的生活现象密切关联起来，让学生有机会亲身体验、观察与抽象知识相关的各种现象。

（2）创设具有典型性与真实性的情境，让学生面对和解决真实的问题，在这个过程中辅以丰富的素材，促进学生在理解、辨析的基础上应用所学知识解决实际问题。

（3）教师要多读学科发展史的相关资料，了解学科知识在面对问题、解决问题的过程中发展演进的脉络。

❶

在讲授楞次定律的时候，准备两个透明塑料管，其中一个缠上一段导线，并接通低压电源，另一个不做任何处理。将两个塑料管并排竖直放置在同一高度，学生观看两个铝块同时从同一高度下落穿过塑料管。学生将发现没做任何处理的塑料管中，铝块做自由落体运动，下落的速度越来越快。但铝块进入缠了通电导线的塑料管后，速度增加比另一个铝块慢得多，最终会迟于另一个铝块落地。

教师提问："铝块为什么在缠了通电导线的塑料管中下落得慢呢？"学生只对自由落体运动有较深入的学习，对电磁感应现象还无较透彻的理解。在观察实验现象时，学生会根据已有的自由落体运动的知识预测两个铝块下落情况相同，但实际上却并非如此。既有生活经验和实验现象的矛盾会激发学生的探究兴趣，并让学生获得学习的动力。

（湖南师大附中梅溪湖中学　尹玲娟）

* * *

人教版《物理》（必修1）中关于"完全失重"的教学，为了让学生实际体验完全失重，我让学生亲手做实验：

每个同学都准备一个矿泉水瓶，装大半瓶水，去掉盖子，距瓶子底部约4厘米侧部处打一个小孔。首先让学生用手指封住小孔，然后再打开，学生会看到水从小孔里面喷出来，这是学生日常生活中都观察过的现象，他们觉得很正常。然后让学生高举矿泉水瓶，让其自由落下。学生惊讶地发现，矿泉水瓶在落下的过程中，水不从小孔里喷出来！

我提出问题：举着装有矿泉水的瓶子不动，水为什么会喷出来？瓶子自由落下来，水为什么不喷出来？

这个实验既可以在学习自由落体原理前，也可在学习后实施。学习前的实验让学生体验自由落体的相关现象，引发学生探究的兴趣，鼓励学生进行猜想，为后续自由落体原理的学习奠定基础；学习后的实验让学生通过实际现象确证并深刻理解自由落体的原理。

（湖南师大附中梅溪湖中学　李湘黔）

* * *

本节课的主题是"音乐鉴赏——勋伯格的《一个华沙幸存者》"。为了让学生积累丰富的感性经验，我要求学生课前观看电影《辛德勒的名单》，了解作品的创作背景。

在课堂上，我让学生感受体验音乐，并提出以下三个问题作为音乐赏析的基本线索：

（1）你听到了什么？（把听到的内容用语言表达出来）

（2）作品给了你怎样的感受？（体验音乐作品的情绪表达）

（3）这种感受是用怎样的音响来营造的？（不同的要素和技巧表现声音效果）

（湖南师大附中　杨萍）

* * *

古人云：学贵质疑。"疑"是启动思维活动的钥匙。在学习高一地理"大气的垂直分布"这一内容时，可提出这样的问题：

还记得宋代大诗人苏东坡的《水调歌头》吗？为什么"高处不胜寒"？是不是越往高处越寒冷呢？

让学生仔细阅读教材后，将以上基于经验的问题导向与地理知识相关的问题：

●大气的最低一层对流层的物理状况是怎样的？

●地面的冷暖取决于获得的太阳辐射能，那么山顶离太阳近，为什么反而比山脚冷呢？

引导学生进行充分的探究和讨论，最终得出结论：对于对流层来说，高度越高，温度越低。但对整个大气层来说，由于各大气层的热量来源不同，因此其温度也有差异，还不能笼统地说成是越往高处越寒冷。

这组问题设置由浅入深，从具体到抽象，从抽象到本质，一步一步地引导学生深入思考和探究，不仅让学生扎实地获得知识，而且培养了学生的思维能力。

（湖南师大附中梅溪湖中学　彭雪峰）

点评：

这四个案例很典型，教师将抽象的知识与学生的经验联系起来，并且尝试将抽象知识的学习置于真实的情境中。

第一个和第二个物理教学案例，教师分别通过演示和让学生亲手操作，让学生观察、体验楞次定律和自由落体的现象，鲜活的感性经验为学生理解抽象的物理原理打下了坚实的基础。

第三个音乐教学案例，音乐是既感性又抽象的表达方式，教师让学生观看影片《辛德勒的名单》，让学生形成欣赏音乐的经验储备，并且产生感情的共鸣。教师在教学中提的三个问题非常好，第一个问题有关经验描述，第二个问题有关情感共鸣，第三个问题有关艺术表现形式，这三个问题密切关联又层层递进。

第四个地理教学案例，教师由一首古诗词引入，调动学生的经验，并且形成了认知矛盾，在具体问题具体分析的过程中让学生理解相关地理知识。

这些案例让我们看到，现象和经验对教学来说是一个多么关键的因素。[1]人的认知活动发端于感知觉，对现象的感知觉为后续的思维提供了信息和素材，无论是整个人类，还是每一个个体，认识世界和思维发展的基本路径都是从现象到抽象，从感性到理性。有些知识是通过逻辑推理获得的，但人类所有的知识最初都来源于现象和经验，换句话说，所有的知识都能回溯到现象和经验的层面。中小学生接受的是基础教育，这一点体现得更明显，即绝大部分的知识都与具体现象和生活经验有着密切的关联。

在此要提到"多重编码"这个心理学概念。就像土豆不止一种吃法，一个知识点也不止一种学习方式。多重编码意味着对知识进行多样化的处理和加工，这使学生有机会以多种形式并从多个角度认识、理解、记忆这个知识。无论是一个艺术作品还是一个数学问题，既让学生从感性、经验的角度体会它，也让学生从理性、逻辑的角度认识它，这就是多重编码，这样获得的知识形成了立体结构，更加丰富，更加稳固。

---

[1] 赵希斌：《听，学生在说：故事里的教育心理学》，华东师范大学出版社2015年，第53–57页。

中小学的课程主要有三类：艺术、自然科学、社会科学。艺术要表达感情，要表现美，其基本载体就是可视、可听、可想象的形象。音乐教学案例显示，学生首先通过听觉、视觉获取感知觉信号，进而用音乐的方式将这些感知觉信号及其引发的情感再现出来，而艺术的欣赏是上述过程的逆过程，欣赏者通过感官感受作品的具体形象，进而体验由这些形象激发的情感。所有的艺术家都要采风，所有好的艺术品欣赏者都要有敏锐的感官和丰富的人生体验，因此，艺术教学中教师一定要为学生提供极为丰富的感性经验，让学生借助这些经验表达情感、理解艺术作品。

自然科学和社会科学研究的是自然现象和社会现象，在此基础上发现自然界和社会的各种规律，因此，教学中的知识、规律、公式、定理、模型等都是以现象和经验为基础的。相当多的知识一定可以，也应该用抽象的形式来表达，如符号、公式和定理，教学不应当排斥抽象，但教师要注意抽象知识的获得应当以具象经验为基础，让自己的教学真正做到深入浅出，这对中小学生来说尤其重要。

❷

如何引导学生在学习"死"的语言点后"活"用起来？相信大多数英语教师都苦恼于这一点。每每讲到课文中的语言点，学生做笔记，在文中做相应的标记，等着老师给例句。这样的教学，学生只停留在知识的认知与熟记的层面。实际上，教师要有意识地将课文中的语言点与学生的自主输出，即口语表达和书面表达，紧密联系起来，引发学生思考。其中的关键就在于要在知识点与学生的实际需求之间搭建起一座桥梁，着重培养学生活学活用的能力。

一方面，老师应纵观本单元的句型及重点短语，判断其围绕的中心主题，再给出与学生日常学习生活相关的任务，逐渐引导学生将所学用到所见所想中。牛津高中英语M3U3的阅读讲的是英语的起源及发展历史。当时正值学校110周年校庆之际，我设置了一个这样的教学任务：

Suppose you are a volunteer of our school's 110th anniversary and you are going to introduce our school to a foreign guest. Use what we have learned just now to make a brief introduction of SDFZ. （设想你是一名我校110年校庆庆祝活动的志愿者，负责向外宾介绍我们学校。现在，用我们已经学过的内容简要介绍师大附中。）

学生看到这个任务时脑子里还没有将本单元的重点知识点与这个任务联系起来。为了引导学生完成这个挑战，我降低难度，分几步让学生一点点将所学运用到实践中：

（1）本单元的语言点大部分可用于介绍历史，学生首先要完成一个翻译任务。需翻译的内容如下：

110年过去了，附中历经巨变。现在她与以前大不相同。你也许会对母校为什么变化这么大感到困惑。很多东西在她的发展中起到了作用。老师们为她做出了很大的贡献。除此之外，最重要的贡献来自勤奋努力的学生们。如今，电脑在学校得到了普及。她现在由60多个班级组成。未来我们学校是否会继续改变是一个很容易回答的问题。我希望，学校能替代其他学校，成为湖南省排名第一的高中。（加点部分是课文的重点短语）

（2）学生分组讨论，展示小组讨论结果，老师一句句给出相应的参考译文。

（3）课件回放到翻译文段，让学生自主练习整段翻译。

（4）课件回放到学校110周年校庆任务，给学生3~5分钟准备时间，再让学生单独上台展示。

这类任务主要以运用短语及词汇为主，通过反复的操练，让学生熟记重点，再与生活实际联系起来，让学生介绍自己非常熟悉的学校，从而达到学有所用的目的。同时，这也向学生传达了一个信息：我们课本上学的，都可以应用到生活实践中。

另一方面，老师要善于提取课文中词汇简单但句子结构复杂的功能句，引导学生用到写作当中去。高中阶段语言学习最主要的方式还是模仿。老师应引导学生在写作中"换汤不换药",帮助他们写出高级、地道的句子,这样一来,不仅能激发学生的学习动力,还能极大地提升其自信。牛津高中英语 M3U3 的 Project 中有这样一句话:When asked how a statue from distant Greece could have appeared in China, researches explained that no doubt this was a result of Alexander the Great's influence.(当被问及来自遥远希腊的塑像怎么会出现在中国时,研究人员解释说,这无疑是亚历山大大帝的影响所致。)我跟学生强调,这句话包含了一个十分强大的功能句:When asked + wh 疑问词,people explained that + 从句,并且比大家常用的 people think that 要地道得多。随后,我让学生翻译以下句子:

(1)当问到大家为什么会选择师大附中时,很多学生解释,毫无疑问是由于附中的名气。

When asked why they chose the High School Attached to Hunan Normal University, many students explained that no doubt this is a result of her fame.

(2)当问到为什么总是戴帽子上课时,他说因为这能让他变帅气。

When asked why he always wears a hat in class, he explained that it made him more handsome.

这两个例子都源于学生的所见所闻,学生能够马上反应过来,给出正确的答案。我在评阅考试作文时发现,很多学生就用上了这个句型。可见这样启发式的模仿练习能让学生认识到所学长难句的实用性。

平时教学中,我特别强调学有所用。牛津版教材中的功能句比比皆是,我每次一提到某一段藏了一个写作万能句型时,学生就会高度重视,积极寻找,模仿造句,并在平时写作中尝试使用。当学生发现自己也能写出像课文那般高级、地道的句子,很有成就感,也越来越喜欢自己去学习文中的功能句,逐渐养成勤发现勤模仿的习惯。

(湖南师大附中 童心)

点评：

为什么英语让很多学生学得垂头丧气？为什么直到上了大学，英语还是很多学生的噩梦？因为很多学生学英语就是"背"，这就像让他们把一堆砖从这里搬到那里，又把搬到那里的砖再一块一块搬回来——这有什么用呢？这个过程太让人沮丧了！我们一定都见过，一个小孩子兴奋地向爸爸妈妈炫耀他学到的知识、做出的手工、学会的舞蹈……这是天然的因获得知识而形成的成就感和力量感。现在的青少年喜欢看原音美剧，他们会发现其中的人物对话是那么鲜活与生活化，他们不用特别记忆就有可能对这些语言表达念念不忘，而且会尝试运用在和同学的交流中。这种高效的学习有一个非常重要的条件——学习内容与生活经验结合得非常紧密，而且语言的交际作用（解决实际的表达问题）明确地凸显出来。本案例的教学就具备了这样的特点，让学生用英语进行实际的交际，解决实际的问题，用地道的方式进行表达。这样的教学会给学生以"效能感"，让学生看到自己的能力，看到自己的努力和付出所产生的效应，给学生以极大的学习动力和学习信心。

《再别康桥》是人教版高中《语文》（必修1）第一单元中的课文。本单元课文均为中国现代诗歌，单元学习目标：通过揣摩诗歌的意象与意境，把握诗人情感，有感情地朗诵诗歌，感受诗歌的音乐美。《再别康桥》音韵和谐，意境优美，充满着淡淡的离愁。

《再别康桥》预计学时为两课时。以下是具体的教学目标：

（1）自学有疑：学生利用注释和工具书自行理解诗歌字面内容，提出不理解的地方，先小组内交流解答，不能解答的举手提出由全班共同解决。

（2）预习检测：朗读课文，做字词注音、书写练习。

（3）作家作品：介绍诗人徐志摩生平及其创作。

（4）整体感知：用自己的话简要说明《再别康桥》的内容与情感。

（5）思考探究：阅读参考资料《新月派与"三美"诗论》，了解新月派主张诗歌应该具备哪几种美。小组合作，结合《再别康桥》具体诗句，任选"一美"进行鉴赏。要求拟定提纲，选出小组发言人。

《再别康桥》的传统教法大多是带领学生鉴赏单个的意象，再总结诗中呈现的五幅画面的特点，接下来分析诗人的情感变化，最后总结写作手法。这样做自然是巨细无遗，把每一个细节都落到了实处，但对于这样优美的一首诗歌来说，未免显得支离破碎，如果教师的讲解不够精彩，课堂一定会冗长乏味。《再别康桥》一诗文辞并不难懂，情感也不晦涩，学生凭借自己的能力完全能够读通。加之学生已学过《沁园春·长沙》和《雨巷》，对于揣摩意象与意境、通过意象感受诗人情感已经有了一些感性经验，可以放手让学生自己尝试分析诗歌的意象、意境、情感。

这种新的教学尝试首先提高了课堂的吸引力。新月派的"三美"主张，学生没有接触过，可以有效引发学生的好奇心。同时，给学生安排了任务，让每个学生都可以成为课堂的参与者，避免成为旁观者，这样也可以提升课堂的吸引力。同时，教师由传授者变成了引导者。学生小组合作的时候，教师可以旁听，并及时提出意见，引领学生思考。这种尝试还能够有效发挥学生自主管理的作用。小组内选出发言人，大家一起拟定提纲，可以让每个学生都有所作为。

这种教学方式不可能像传统教法一样每个字词都讲解得细致到位，但学生通过参与也可以得到收获。如果教师在点拨、总结的环节做到位的话，仍可以将细节的知识落到实处。

（湖南师大附中　谷辰晔）

【阅读材料】

新月派与"三美"诗论

新月派

新月派,亦称新格律诗派。1923年,胡适、徐志摩、闻一多、梁实秋、陈源等人发起成立新月社,开始是个俱乐部性质的团体,其后,因提倡现代格律诗而成为在诗坛上有影响的社团。新月派是中国新诗史上活动时间长并在创作中取得了较高成就的诗派。新月派提出了"理性节制情感"的美学原则,提倡格律诗,认为诗歌应符合"三美"主张,讲究文辞修饰,追求炼字炼意,其鲜明的艺术纲领和系统理论对中国新诗的发展进程产生了较大的影响。在新月派诗人中,徐志摩是最有代表性的杰出诗人。

新月派的"三美"诗论

"三美"诗论的提出者是闻一多。在《诗的格律》一文中,他系统地提出"诗的实力不独包括音乐的美(音节)、绘画的美(词藻),并且还有建筑的美(节的匀称和句的均齐)"。这一关于新诗的"三美"主张遂成为新格律诗派的理论纲领。

诗歌的音乐美是最首要的。诗歌的音尺、韵脚、平仄等音乐性因素的组合,构成了诗的韵律、诗的节奏,而韵律与节奏的和谐又构成了诗的音乐美,成为诗的基本动力。

绘画美理论主要是指诗的词藻的选用,即诗歌语言要美丽、富有色彩、讲究诗的视觉形象和直观性。新月派诗歌常用表现色彩的词以及带有鲜丽色彩的物象,此外还注重色彩的对比,使全诗呈现出一幅美丽的画面,诗画相通。

建筑美理论主要是指从诗的整体外形上看,节与节之间要匀称,行与行之间要均齐,虽不必呆板地限定每行的字数一律相等,但各行的相差不能太大,以求齐整之感。

点评:

本案例的亮点在于让学生在了解"新月派"与"三美"诗论的基础上对《再别康桥》进行分析评价,这样的教学给学生创设了一个"研究"的平台,这是该教学最有用的地方。

举例说来,如何赏析、评价郁达夫的《故都的秋》?课本有提示,教参有答案,应试有技巧,学生可以把标准答案背下来,但这样的学习是被动的、低层次的。教师也可以指导学生先总体感知文本的内涵和特点,然后与其他作家的作品进行比较,与郁达夫以往的作品进行比较,关注作者同时期的其他作品,了解《故都的秋》的写作背景,参考对这篇散文的经典评价,由此对作品的内容、风格、形式等形成全面且深刻的理解。

面对一篇课文,教师教什么,学生学什么?这是语文教学中最关键的问题!这个问题的核心与本质是如何对文本进行分析。夏丏尊先生以陶渊明的《桃花源记》为例,对如何分析文章进行了剖析①:

> 受到一篇选文,对于其本身的形式与内容,原该首先理解,还须进而由此出发,作种种有关系的探究,以扩张其知识。例如教师今日选授陶潜的《桃花源记》,我以为学习的方面可有下列种种:1)求了解文中未熟知的字与辞。2)求了解全文的意趣与各节各句的意义。3)文句之中如有不能用旧有的文法知识说明者,须求得其解释。4)依据了此文玩索记叙文的作法。5)借此领略晋文风格的一斑。6)求知作者陶潜的事略,旁及其传记与别的诗文。最好乘此机会去一翻《陶集》。7)借此领略所谓乌托邦思想。8)追求作者思想的时代的背景。

从夏丏尊的建议我们可以看到,其中的5)6)7)8)四个方面都是研究,要求学生在语文学习中应具备的研究态度和研究方法。新课程提倡自主、

---

① 杜草甬:《夏丏尊论语文教育》,河南教育出版社1987年,第33页。

探究、合作的学习方式，本案例中谷老师鼓励学生以研究的姿态进行学习，这样的学习基本具备了研究的关键要素，包括研究的对象、问题、视角、材料等。有了这样的研究习惯，学习将不再是被动地接受书本或教师传递的知识，而成为一个主动探究的过程，这对学生来说是非常有意义的。

有一点需要指出，任何的研究问题、研究方法、研究结论都不应该是凭空猜想的，研究一定要基于扎实、丰富、全面的素材，能够占有多少有价值的材料决定了研究的深度和价值。本案例中虽然只有一篇有关新月派和"三美"诗论的材料，这可能略显单薄，但谷老师做了一个好的示范，可鼓励学生进一步寻找更多有关新月派的诗歌和相关文论材料，这才是真正做到了活学活用。

❹

在深圳华为公司上班的许小姐一下班，就开着自己的本田轿车到商场给母亲买了一盒生日蛋糕和一个大果篮。"现在世界变得越来越小。"许小姐说。她的汽车是日本牌子，在广州生产的，零部件的国产化率达到85%；生日蛋糕是法式的；果篮里的水果包括泰国的山竹、越南的火龙果和美国的提子等。而许小姐参与研发生产的华为通讯产品，销售到了美国、荷兰等全球90多个国家。

向学生提问：

(1) 许小姐的车是哪个国家生产的？

(2) 许小姐的生活涉及哪几个国家？

(3) 对于许小姐一天的生活你有什么感想？

（湖南师大附中广益实验中学　刘姣）

点评：

这个案例中的背景材料是有价值的，虚拟了一个典型的情境，表现了国际间的合作与开放。这个情境与学生的经验有很高的契合度，学生会有感而发，这会促进学生用所学知识解释这个情境中的诸多现象，从而达到鼓励学生学以致用的目的。

这个案例中教师提出的问题可能需要改进。第一和第二个问题都是直接从材料中找答案，缺乏挑战性和思考价值，第三个问题太宽泛，学生可能会给出五花八门的答案，与教学目标的关联不紧密。可考虑让学生讨论以下问题：

（1）中日当前存在领土争端，我们是否应该抵制日货？

（2）开放农产品进入中国，以及发展合资品牌汽车是否会挤压本土农业及自主品牌汽车的生存空间？如果是这样，如何看待这个问题以及如何应对？

（3）某些中国公司为了抢占国外市场，其产品在国外的售价远远低于在国内的售价，这样做合理吗？对中国的消费者公平吗？

需要指出的是，回答上述问题不应满足于给出一个答案，而应如前述语文教学的案例那样，答案和观点（立场）的背后要有丰厚的素材作支撑。例如，如果有学生认为不应抵制日货，就需要通过翔实的中日贸易以及国内多个行业对日本的技术、管理、原材料依赖程度的数据表明抵制日货中方也将遭受巨大的损失。

这样的学以致用是非常有价值的，这些问题是很现实的问题，是很多人都关心并热烈讨论的问题，同时也存在诸多可能偏颇的观点。要想对这些问题形成清晰、客观、辩证的思考和结论并不容易，这需要丰富的素材、明确的立场、富有思辨性的逻辑思考以及灵活多样的角度，而这恰恰是政治课的优势，是需要在政治教学中对学生进行思维训练的内容，这也是政治课注重思辨、学以致用最好的体现。

小 结

犹太人认为，智慧与知识不一样，拥有知识说明你"知道"，而智慧是你如何把你知道的东西和日常生活结合起来。犹太圣贤这样教导犹太人：读过很多书的人，如果他不会用书上的知识，就是一只驮着很多书本的骡子。因此，"学以致用"一直是教学中我们追求的极为重要乃至核心的目标。

"用"，最关键的就是学以致用，一是与学生的经验相关联，二是设置恰当、真实的情境。

一个网络购物平台上，某品牌电冰箱的很多差评都反映了同一个问题：买家抱怨冰箱运行时两侧太烫了，认为冰箱有问题。其实这是完全正常的，从某个角度看，冰箱运行时两侧越烫说明散热效果越好。这个现象背后的物理原理是液体蒸发时吸热、被压缩时放热。这也让我们反思中小学教育中存在的问题——为什么很多学生觉得学的东西没用，是因为很多教师从来没有尝试将抽象的知识与具象的经验联系起来，从来没有鼓励学生用学到的知识解决实际问题，也从来没有在真实的情境中让学生理解知识。

笔者在培训的时候问教师："宇航员在太空为什么会失重？" 90%以上的教师都会答错："因为失去了地球的引力。"此时笔者会让在场的物理教师向其他教师解释这样的答案为什么是错的。绝大部分物理教师说的都是："因为地球对宇航员的引力充当宇宙飞船作圆周运动的向心力了。"其他教师当然是一脸迷惑，当年他们在上学的时候很有可能教师就是这么讲解的，他们当时没听懂，现在也还是听不懂——这样的解释太抽象了。笔者提醒物理教师要用"教师听得懂"的方式向他们解释，可惜的是，很多物理教师做不到。

笔者尝试问教师：如果我们用一根绳子拴着小球，让小球绕着手快速旋转，如果手松开或把绳子剪断会怎样？此时所有教师都会回答："小球会飞出去。"笔者接着问："宇宙飞船包括宇航员为什么能绕着地球转，而没有脱离轨道飞出去？"此时教师明白了，有一根"无形的绳子"一直在"拴"着宇宙飞船，这根绳子就是地球对宇宙飞船的吸引力！这个观念的突破很重要，为后续的学习奠定了坚实的基础。能做到这一点的关键就是把抽象知识与个体的经验联系起来，在一个真实的情境中呈现知识，帮助学生理解知识。

上面这两个例子说明抽象的知识与学生的生活经验、生活现象相关联是

"学以致用"非常重要的一个策略,因为基础教育阶段学习的大部分知识都来源于生活经验,是对生活经验的分类、概括、抽象,要想让学生理解所学(抽象)知识,将这些知识"还原"到生活现象和生活经验中就显得尤为重要。

学以致用的教学还有一个策略——模拟、设置一个情境,让学生在这个情境中积极思考、解决问题,在此基础上获取知识。情境设置的质量越高,学生的学习收获就越多。本部分第四个案例就显示了政治课中为了促进学生思考所设置的情境,它把若干要素进行了集中与典型化,使得这个情境既是虚拟的又是真实的,为学生提供了很好的思维平台。

需要指出的是,不能为了设置情境而设置情境,一定要把握并力图实现设置情境的目的——促进学生面对并解决真正的问题,促进学生积极的思维介入。

《万千气象的宋代社会生活》是《历史》(七年级下)的内容,现在网络上流行一个教案:模拟一个情境,小华穿越时空来到宋朝,请为他规划旅游行程,体验宋朝人们的衣、食、住、行、娱乐。包括推荐北宋有特色的衣服和鞋子,品尝宋朝最典型的食物,到最热闹的地方去玩,以及计划在城里让小华坐什么样的交通工具、晚上住宿在什么地方等等。

这样的教学设计从形式上来看活泼开放,但是每个问题的答案都是唯一的,换句话来说,只不过用了一种更复杂的形式来诱导学生寻找标准答案,如"晚上住宿在什么地方",标准答案是"邸店"。这是当前教学和考试中比较常见的一个问题,即为了改变教学形式而改变教学形式。例如下面两道考试题:

(1)"非典"期间,广西桂林市政府每天都要给北京的卫生机构发送电子邮件,如果桂林到北京的距离是2500公里,那么如果桂林发生了紧急情况,电子邮件从发出到北京要多长时间。

(2)我国历史上第一次水下考古工作是2001年6月在云南省澄山县抚仙湖进行的,考古工作者从湖底打捞出一批出水文物。其中有一个长约70cm、质量为100kg的石块，考古人员是用气囊使它从水中浮起再拉离湖底的。经测算可知，石块受到气囊向上的拉力为600N时，它恰好能在水中匀速上浮。求：①石块在水中受到的浮力；②该石块的密度。

第一道题看起来是将知识与生活相关联，但这种关联多么牵强，这个情境与现实非常脱节，表面看起来很唬人，其实想测试的仍是一个需要记忆的知识点——光（电）的传播速度。

第二道题不符合逻辑，打捞队会在打捞时测定气囊对石块的拉力吗？会刻意保持这个力的大小正好是600N以实现石块的匀速上浮吗？这道题做了那么多的铺垫，还是和传统题目一样，给学生呈现若干条件，然后让学生按照标准思路解题。

对于这样的情境设计我们有一个担心：当教学把过多的时间花在这些"类游戏"的活动上时，很有可能挤占了真正有价值的教学内容。教学一定要有一个主线，要凸显教学内容中最有价值的成分。《万千气象的宋代社会生活》中有一个线索很重要——民族交往与融合，课本中的三个知识点与此线索关系密切：

第一，牛车、驴车、轿子、船等是宋代主要的交通工具，但教科书中未提似乎应该最常见的马车，这是因为宋朝缺马。宋朝本身不出产马，它与辽、西夏、金等产马地区对峙，就造成了宋朝马匹来源困难。同时长期战乱也使得宋朝军队大量征用马匹，导致"马荒"更加严重。

第二，那时男性穿的衣服"小袖狭身"，这种服装适合骑马射箭，也适合劳动耕作，所以宋代民间多穿胡服，以致有"今世之服，大抵皆胡服"的说法，体现了少数民族女真人对汉族的影响。

第三，北宋的肉食以羊肉为主，这是由于北宋与少数民族进行贸易，也就是课本提到的"互市"，北宋用丝织品和茶换取辽的羊和马，所以肉食以羊肉为主。而到了南宋，肉食则以鱼为主，一般人吃不起羊肉，这是因为南宋与金对峙，双方没有贸易往来，所以北方的羊就无法运到南方。

这三个知识点现象不同，但其内在线索是一致的，都体现了宋朝（北宋与南宋）与外族的经贸往来或战争对峙，这极大地影响了宋朝的历史走向，以及人们的社会生活和经济文化发展，这是历史学习的一个重要视角。对于这样的内容，教师只需要设计简明的问题："如果我们在宋朝出行，想坐马车可不容易，同学们知道为什么吗？"这样教师就有更多的时间和学生分享重要的历史现象，思考现象背后的原因，而不是淹没在热闹的教学游戏中。

辨——批判性思维

辨：思辨，也称辩证思维、批判性思维，这是一个来自西方的概念——critical thinking——是指对思维对象的真实性、精确性、性质与价值进行分析和判断，从而对做什么和相信什么作出合理决策。①

要解决的问题：给学生足够的机会让他们进行思辨而不是被动接受固定的信息和答案。

批判性思维包括以下四个要素，教师可从这四个方面入手鼓励、培养学生的批判性思维：

（1）明确的立场或观点。对于事物的性质、价值、是非、优劣、高下等形成明确的判断。

（2）丰富的材料。所有的立场和观点都要基于丰富的证据，要做到言之有据。

（3）思辨的视角。从一个或多个角度阐明自己的立场或观点。

（4）严密的逻辑。思辨的过程也是论证的过程，教师要引导学生运用逻辑的力量，将论点、论据、论证方法有机地整合在一起。

❶

下面是人教版《地理》（必修2）《人类面临的主要环境问题》的教学片段。

教师给出《西双版纳橡胶种植》相关材料，并向学生提出下列问题：

（1）西双版纳的生物种类为什么这么丰富？

---

① 刘儒德：《论批判性思维的意义和内涵》，《高等师范教育研究》2000年第1期。

（2）橡胶种植对西双版纳的生物、土壤、气候、水文等自然地理要素产生了什么影响？

（3）你对西双版纳橡胶种植有什么看法或建议？

问题由事实层面的分析、推理，逐步深入到价值层面的评价与判断，这符合学生认知规律和思维水平，且具有启发性。问题在新旧知识的结合点、低级知识和高级知识的转化处设置，这样能引起学生认知中已有知识和新知识以及低级知识和高级知识之间的冲突，激发学生探究新知的求知欲，并且引导学生逐步深入。这样的问题运用学生学过的整体性原理，整合了地理学科的知识。设置开放性问题，并引导学生从多角度对橡胶种植提出建议，不少学生会结合生物、政治等学科的知识来表达自己的看法，使教学体现了学科之间的联系。

（湖南师大附中　杨夏）

点评：

回答第一和第二个问题需要生物和地理知识的整合，这体现了学以致用的导向。第三个问题是一个典型的思辨性的问题，是全球都面临的一个重大的问题——经济发展与环境保护的矛盾。这是一个好问题，但也容易流于表面，即学生简单回答"橡胶种植破坏了当地的植被的多样性，可能破坏生态平衡，因此应限制橡胶种植，为胶农寻找其他就业门路"。这样的回答回避了问题的复杂性和模糊性，又变成了标准答案，这也是当前许多课堂上普遍出现的问题——批判性思维没有有效地展开和深入。

为了避免学生给出一个简单的判断式的回答，教师可设计若干有层次的、相互关联的几个具体问题，回答这些问题学生需要具体、实证的数据和信息。例如：

- 橡胶种植在西双版纳的发展状况是怎样的？
- 用数据表明橡胶种植对当地其他植物及生态平衡产生了怎样的影响？

●橡胶种植的经济效益如何，对胶农的生活有何影响，对当地财政的贡献有多大？

●如果限制橡胶种植，是否有其他切实可行的方案维持、改善当地胶农的生活水平及财政收入？是否有其他地区类似的方案供参考？（如贵州、内蒙古等地的退耕还林政策）

回答这些问题是不容易的，但这不易恰恰显示了批判性思维的价值。解决这些问题的过程就是一个近乎标准的研究——研究者也是用这样的思路和方法进行研究的。因此，这样的教学对学生的探究能力和批判性思维有很强的促进作用。

这是一个比较典型的批判性思维的教学案例，它蕴含批判性思维的四个要素：立场（经济要发展，但不能以破坏环境为代价）、材料（西双版纳橡胶种植状况及其对生态的影响，其他地区生态复原工程的做法和结果）、视角（以地理学科为基本视角，整合生物和经济等方面的知识与材料）和逻辑（整合多种多样的材料，并进行有条理、有逻辑的分析与呈现）。

完成这个任务需要两个条件，或者说面临两个困难：一是要收集足够多和足够好的资料，二是要有足够的时间。绝大部分中小学都没有足够大的图书馆，因此教师一方面可以鼓励学生从网络寻找资料，另一方面可代替学生到条件较好的地方如省市或大学图书馆收集资料，然后呈现给学生，但教师一定要向学生展示和讲解如何收集资料，以提高学生收集材料的能力。如何解决时间的问题？建议教师可以布置学生课下收集资料、分析资料，教师与学生通过邮件沟通研究的进展，教师在课堂上解决最重要的问题，如学生有了重要的发现，研究思路出了问题等等。类似这样的综合性的研究题目，一个学科一个学期做1~2个就可以了。

在上思想品德课《法不可违》时，我给学生呈现了一个新闻事件：为帮重病的母亲筹款治病，张氏兄弟当街劫持人质。对于张氏兄弟劫持人质救母的行为，你有何看法？如果你是法官，你会减轻或免除他们的刑罚吗？针对情与法，要求学生理性地思考，学生可以有不同的观点和看法，让学生谈自己的观点并说明理由。老师根据学生的回答进行点拨与引导。

（湖南师大附中高新实验中学　江胤双）

点评：

类似这样的问题在教学中非常多。这显示了我们生活的这个世界永远的矛盾性与复杂性，也说明事物发展的根本动力就是矛盾——在解决矛盾的过程中事物在发展，旧的矛盾解决了又会有新的矛盾出现。因此，这类问题的价值在于鼓励、引导学生正视矛盾的存在，放弃"非此即彼"的思维方式，用更全面、更理性的方式思考问题。

有价值追求才会有矛盾，矛盾一定由两个或多个方面共同组成，而且矛盾会发展演化，因此，面对矛盾要采用立场（价值观）、辩证（全面）和发展的思维方式，而这正是批判性思维的优势与价值所在。下面是谢小庆教授对于莫泊桑的《项链》提出的批判性思维：

没有资产、没有嫁妆的玛蒂尔德应否勉强地嫁给一个自己并不满意的人？她是否可以像简·爱那样冒着孤独一生的风险去等候属于自己的那一位？有人说，应该。人，必须面对现实。"爱"与"被爱"的相遇是非常偶然的事情。能够嫁给一个真心爱自己的男人，能够嫁给一个在艰难困苦中不离不弃、相濡以沫的丈夫，是人生的一大幸事。与其去做一个孤独的"剩女"，不如拥有一个安全的港湾。有人说，不应该。女人不一定依附于一个男人才能生存，女人应首先是一个自立自强的"人"，之后才是一个"女人"。

谢小庆明确指出："这个问题，有标准答案吗？有正确答案吗？没有！"本案例《法不可违》提出的问题是有价值的，是发展学生批判性思维的好机会，教师要鼓励学生站在不同的立场表达不同的观点并引用支持自己观点的论据。要注意的是，这样的教学不要追求一个所谓"正确"的答案，如"法不容情，虽然张氏兄弟值得同情，依然要接受法律的制裁"，这样"不咸不淡"的结论有什么意义呢？教师要鼓励学生表达自己的立场，帮助学生富有逻辑地、全面地论述自己的观点，鼓励学生引用丰富、恰当的例证支持自己的观点。

例如，学生可以在论证自己的观点时引用这样一个案例：

1935年的冬天，是美国经济最萧条的一段日子。这天，在纽约市一个穷人居住区内的法庭上，正在开庭审理一个案子。站在被告席上的是一个年近六旬的老太太，她因偷盗面包房里的面包被面包房的老板告上了法庭。法官问："你为什么偷面包？是因为饥饿吗？"老太太说道："我是饥饿，但我更需要面包来喂养我那三个失去父母的孙子，他们已经几天没吃东西了。我不能眼睁睁看着他们饿死。"法官做出了判决："我必须秉公办事，执行法律。你有两种选择：处以10美元的罚金或者是10天的拘役。"老太太对法官说："法官大人，我愿意接受处罚。如果我有10美元，我就不会去偷面包。我只能选择被拘役10天，可我那三个小孙子谁来照顾呢？"这时候，从旁听席上站起一个四十多岁的男人，他对老太太说："请接受10美元的判决。"说着，他转身面向旁听席上的其他人，掏出10美元，摘下帽子放进去，说："各位，我是现任纽约市市长拉瓜地亚，现在请诸位每人交50美分的罚金，这是为我们的冷漠付费，以处罚我们生活在一个要老祖母去偷面包来喂养孙子的城市。"片刻，所有的旁听者都默默起立，每个人都认真地拿出了50美分，放到市长的帽子里，连法官也不例外。

基于这个案例，学生可以表明设置法律的根本意义是为了维护所有人包括犯法者的尊严和利益，法律不是公众报复犯法者的工具，以暴制暴，以牙还牙是对法律的作用最低层次的理解。越来越多的国家取消死刑正体现了对法律作用的正确理解。法律是人们为了解决特定矛盾而设计的工具，但它不能解决所有矛盾，或者它解决了某方面的矛盾又会产生新的矛盾。因此，一方面要维护法律的尊严，另一方面也要看到法律的"不能"和"不足"，而这提醒我们要从多个方面考虑和解决"张氏兄弟们"面临的困境。

❸

普通高中音乐课程标准指出：学生聆听音乐时，老师可设计具有探究性、启发性的问题，采用集体讨论的方式，引导学生感受和理解音乐作品。我设计了这样的教学活动：

让学生分别欣赏用古琴、埙、二胡等演奏以及合唱的中国古曲《阳关三叠》，然后问学生：你最喜欢哪种表现形式？说说为什么。

学生在体验音乐过程中个体性很强，新课标下的高中音乐鉴赏课，学生不光是感受、欣赏音乐，还要学会对音乐作品进行适当的评价，发表自己独特的见解。新课标明确指出"通过比较音乐的不同体裁、风格、表现手法和人文背景，培养学生分析和评价音乐的能力"。比较是一种积极的思维，没有比较就没有认知，没有认知就看不到事物的本质。

（湖南师大附中　李鹏程）

点评：

这个案例虽然简单但有典型意义，也很有价值。笔者在上中学的时候特别喜欢一本文学杂志——《作品与争鸣》。同一篇文学作品，不同的人对它有不同的分析、评价，甚至会形成激烈的争论，这让我看得十分"过瘾"——鲜明的立场、新鲜多样的角度、丰富的素材、清晰的逻辑——这些批判性思维的要素在其中表现得淋漓尽致，让我充分感受到思维的高度与乐趣。

这个案例正是让学生对不同的作品在对比分析的基础上进行"争鸣"，这是原汁原味的批判性思维。学生要站在某个立场，以某个标准对不同形式的

《阳关三叠》进行分析评价。需要指出的是，这样的教学很有价值，但要想做到比较高的水平、真正让学生有收获却不是一件容易的事情。下面呈现一个类似的案例，我们来看这样的教学任务的难度在哪里。

以下是语文教育专家孙绍振教授在《解读语文》一书中对《故都的秋》解读的片段：

> 在《济南的秋天》中，老舍称赞了秋天的"清"，秋天的"静"。"济南的秋天是诗境的。设若你的幻想中有个中古的老城，有睡着了的城楼，有狭窄的古石路，有宽厚的石城墙，环城流着，一道清溪，倒映着山影，岸上蹲着个红袍绿裤的小妞儿，你的幻想中要是这么个境界，那便是济南。"
>
> 而郁达夫，显然也是表现秋天的诗意的，他在开头这样说："秋天，无论在什么地方的秋天，总是好的；可是啊，北国的秋，却特别地来得清，来得静，来得悲凉。""在皇城人海之中，租人家一椽破屋来住着，早晨起来，泡一碗浓茶，向院子一坐，你也能看得到很高很高的碧绿的天色，听得到青天下驯鸽的飞声。从槐树叶底，朝东细数着一丝一丝漏下来的日光，或在破壁腰中，静对着像喇叭似的牵牛花的蓝朵，自然而然地也能感觉到十分的秋意。说到了牵牛花，我以为以蓝色或白色者为佳，紫黑色次之，淡红色最下。最好，还要在牵牛花底，叫长着几根疏疏落落的尖细且长的秋草，使作陪衬。"
>
> 细心的读者可能感觉到，郁达夫对色彩的欣赏，和老舍很不相同。老舍在第一段已经亮出了红袍绿裤，写到济南的秋水："那份儿绿色"，"终年在那儿吻着水皮，做绿色的香梦。淘气的鸭子，用黄金的脚掌碰它们一两下。"同样写北方的文化大都市，老舍对于色彩的欣赏显然偏重于鲜艳。而郁达夫恰恰相反，是逃避鲜艳的，而且他还欣赏残败的生命，牵牛花的色调已经十分淡了，还要强调最好有疏疏落落的秋草作陪衬。枯草有什么美？有什么诗意呢？"租人家一椽破屋"，为什么要破屋？破屋才有沧桑感，因为这是古都，历史漫长，文化积淀不在表面上，是要

慢慢体会的。郁达夫的个性在于，他觉得这种积淀，不一定在众所周知的名胜古迹中，或许只有在破旧的民居中才能体悟出来。

凡是属于生命的景象都有感悟生命的价值。生命的蓬勃，自然可以激起内心欢愉的体验，这是一种美的感受。直面生命衰败的感觉，沉思生命的周期，逗起悲凉之感，也是一种生命的感受。谁说悲凉就不美呢？当现代作家一窝蜂地挤在秋天的欢乐情境中的时候，郁达夫却着意表现秋天的悲凉美，难道不是一种审美情感的开拓吗？从审美教育来说，不是对心灵境界的一种丰富吗？

发现自己的感觉，深化自己的感觉，表达自己的感觉，把感觉独特地语词化，这就是郁达夫告诉我们的为文之道。《故都的秋》写到潜意识中的"落寞"，是为深邃的艺术的追求，把悲凉、落寞乃至死亡当做美来表现，令人想到"颓废"，是的，在"五四"作家中，郁达夫的颓废倾向还是有一点名气的。

郁达夫式的悲秋，固然有中国文人传统的血脉，但是，却也可以隐约感到一些区别。中国文人从宋玉开始就定了调子："悲哉，秋之为气也，萧瑟兮，草木摇落而变衰。"从杜甫的《秋兴》"听猿实下三声泪"到马致远的《天净沙》"断肠人在天涯"，乃至《红楼梦》"已觉秋窗秋不尽，那堪秋雨助凄凉"，都是把秋愁当作一种人生的悲苦来抒写的。在郁达夫的《故都的秋》中，传统的悲秋主题有了一点小小的变化，那就是秋天的悲凉、秋天带来的死亡本身就是美好的，诗人沉浸在其中，并没有什么悲苦，而是一种人生的享受——感受秋的衰败和死亡，是人生的一种高雅境界。这就不但颓废，而且有点唯美。更突出的，还有日本文学传统中的"幽玄美"、"物哀美"。日本传统美学中有个非常重要的概念：物哀。对此《日本国语大辞典》这样解释：事物引发的内心感动，大多与"雅美"、"有趣"等理性化的、有华彩的情趣不同，是一种低沉悲愁的情感、情绪。把外在的"物"和感情之本的"哀"相契合而生成的协调的情趣，有自然人生百态触发、引申的关于优美、纤细、哀愁的理念。川端康成在1952年写成的《不灭的美》中说"平安朝的物哀成为日本美的源流""物哀这个词同美是相通的。"①

孙教授运用比较的方法对《故都的秋》进行解读，实在是贴切、深刻而又丰富，对于读者理解《故都的秋》起到了极为重要的作用。孙教授将《故都的秋》与老舍的《济南的秋天》进行比较，与中国古典的悲秋进行比较，与日本的物哀文化进行比较，正是在多重、多向的比较过程中，《故都的秋》被深入诠释，其特点完全凸显出来。这就是"文学批评"，其核心就是批判性思维。

我们不能要求高中生达到孙教授这样的水平，这需要储备大量的文学知识，但教师应对这种思维方式有深刻的理解，向学生呈现这样的素材，并解析其中蕴含的批判性思维的要素。

以欣赏并评价不同形式的《阳关三叠》为例，教学不能满足于学生简单说出喜欢或不喜欢哪种表现形式，教师要给学生呈现足够丰富的有关《阳关三叠》的素材，引导学生结合自己的主观感受，在大量素材的基础上找到某个角度以阐明自己的观点，这样的训练是非常有价值的。

❹

这是教学人教版《历史》（必修1）第13课《辛亥革命》的课堂上发生的一幕。

教师介绍著名的民主革命宣传家陈天华：1905年，陈天华在东京参加了抗议日本政府《取缔清国留学生规则》的斗争之后，写下绝命书，在东京大森海湾投海自尽，以死来激励国人"共讲爱国"。时年三十岁。

学生一片哗然，有同学说："留得青山在，不怕没柴烧，人死啦，拿什么革命？"赞同之声居多数。教师沉默片刻，缓缓说道："生命是唯一的，可贵的。大家的说法非常有道理。陈天华在世之时，其著作《猛回头》与《警世

---

① 钱理群，孙绍振，王富仁：《解读语文》，福建人民出版社2010年，第220-230页。

钟》已经风靡中国，是被公认的'革命党之大文豪'，然而，才华横溢、正当盛年的革命斗士为何选择了这样一条道路？我想把这个问题留给大家，同学们课后通过网络、图书馆查阅资料，寻求答案。"

下一节历史课上，老师首先请同学们就上节课的问题展示自己的答案。

甲同学说："1905年，正值日俄战争，这场争抢中国势力范围的战争就在中国境内进行。清政府无能为力，只好宣布中立。此时陈天华正在日本留学。想到之前的鸦片战争、甲午战争、八国联军侵华，《马关条约》、《辛丑条约》，清政府割地赔款，中华民族眼看就要亡国灭种。内忧外患让陈天华整日忧心忡忡，愁眉不展，最终以死殉国。"

乙同学说："在日本的留学生很多，黄兴、孙中山、秋瑾等人也对民族命运忧心忡忡，但为什么只有陈天华选择了以死爱国的方式？"这个问题显然引发了同学们的兴趣。他继续说："我认为这与陈天华的身世与性格有关。陈天华从小家境贫寒，早年丧母。后留学日本，积极参加了同盟会的革命活动，但是仍然难以抑制抑郁之情。在作品中也多次提到希望用死来唤醒国人。1905年，日本政府颁布'取缔规则'，限制在日留学生反抗清政府的行动，陈天华以死抗争。"

老师："同学们从陈天华生活的时代与自身的性格方面分析了他投海殉国的原因。老师再补充一些历史资料，我们看看有什么进一步的发现与证实。"

展示材料：

材料一：陈天华的《猛回头》节选

俄罗斯，自北方，包我三面；英吉利，假通商，毒计中藏。
法兰西，占广州，窥伺黔桂；德意志，胶州领，虎视东方。
新日本，取台湾，再图福建；美利坚，也想要，割土分疆。
这中国，那一点，我还有分？这朝廷，原是个，名存实亡。
替洋人，做一个，守土官长；压制我，众汉人，拱手降洋。
俺汉人，自应该，想个计策；为什么，到死地，不慌不忙？
改条约，复政权，完全独立；雪仇耻，驱外族，复我冠裳。

材料二：陈天华写于1905年的《要求救亡意见书》

> 近日以来，警电纷至，危迫情形，视前尤急。同人等焦心灼虑，苦无良策，乃于无可如何之中，作一死中求生之想，则惟有以救亡要求政府也。夫各国国民之要求政府，则立宪问题也，自由平等问题也，均财问题也。吾等今日之要求，尚不能及是。弟求其勿致吾于死亡而已。救亡者政府之责任，岂待吾等之要求而后许？则以今日之政府，所蹈无一非可亡之道，而不惜国之亡者也。

材料三：孔祥吉、村田雄二郎所写《陈天华若干重要史实补充订正》

> 对于学生中出现的不同派别，陈天华非常痛心，他非常担心留日学生不能团结一致，致使斗争失利。此时，日本报章对留学生肆意嘲讽，认为留学生对文部省十九号令多有"误解"，并诬蔑留学生为"乌合之众"，"清国人特有的放纵卑劣之意志，其团结亦会十分薄弱"。
>
> 对于这些恶意攻击，陈天华更是愤恨不平，心急如焚。陈天华深感形势严峻，决意以死去唤醒国人团结一致。

呈现了这些材料之后，教师提出问题：

(1) 材料一中，陈天华的救国主张是什么？

(2) 材料二中，陈天华的救国主张发生了怎样的变化？这种变化说明了什么问题？

(3) 从材料三看，陈天华的直接死因是什么？

在学生们对这三个问题进行充分的发言和讨论之后，教师提出问题："了解了这段历史，同学们怎么看待陈天华的死？"

学生丙："我们应该尊重陈天华的选择，他的死是国破家亡与情感脆弱综合导致的。国家的不幸与个人的不幸，促成了他的死。我们应该体谅与理解。在那个时代，谭嗣同不也是希望用死来唤醒国人？！"

学生丁:"但是,我们仍然不提倡用死去抗争,尽管他的死唤醒人们投身革命,但是还有很多比死亡更好的方式。"

教师最后总结:"陈天华蹈海赴死的悲壮行动,迅速影响了全国。1906年留日学生姚宏业在上海创办中国公学受到反动绅士阻挠,愤懑难平,也效法陈天华,投上海黄浦江自戕。1906年5月20日,长沙各界近千人举行了陈、姚二烈士追悼大会。在师大附中前身唯一学堂创办者禹之谟等人主持下,陈天华和姚宏业的灵柩同抵长沙,当天举行了公葬仪式,10000多人前往送葬,长沙全城学生出动,首尾绵延10多里,哀歌动地,鞭炮震天。如何看待生死,是人类生命长河中永恒的话题。死,或轻于鸿毛,或重于泰山。古人云'舍生取义',西方有诗:'生命诚可贵,爱情价更高,若为自由故,两者皆可抛。'同学们,面对生死,你们会如何选择?"

教师并没有盖棺定论,而是给学生进一步思考的空间。

(湖南师大附中 李珊)

 点评:

这是一个值得高度赞赏的教学案例,非常完整、有深度地体现了批判性思维的教学。

这个案例中最让人欣赏的是教师收集、呈现的丰富的材料。批判性思维四要素中的"材料"是一个非常关键的因素。对陈天华的死进行评价,我们的基本立场是什么?我们从哪个角度去评价他的死?我们采用怎样的逻辑思考方式?这些都跟我们掌握了哪些与陈天华的死相关的材料有关。

批判要有具体对象,信息匮乏、材料不足乃至偏颇的情况下如何进行批判性思维?有些教学表面看起来很热闹,学生争得脸红脖子粗,实际上却很苍白、很空洞。一方说陈天华不应自杀,另一方说陈天华死得值,只有观点交锋而没有材料铺垫的争论是没有意义的,没有与那段历史相关的材料作支撑,争论就会成为概念层面的文字游戏,脱离了陈天华这个具体的人而评价他的死不是很空洞吗？这就像两个人一个说法国大餐好吃，另一个说不好吃，可是他们两个都没有吃过，这样的争论不是很可笑吗？

教师能收集到这些有价值的材料，一方面说明教师下了功夫，另一方面也说明教师良好的学养。就像前面孙绍振对《故都的秋》的评价，一个文学修养不够的人甚至不知道从哪里去收集相关的材料。因此，我们提醒各位教师，引导学生进行批判性思维，教师一定要做好充分的准备，要收集充分、精到的相关材料，为批判性思维的训练打好基础。

此外，本案例也非常好地体现了历史教学的关键素养——论由史出、史论结合。历史不是杜撰，历史的结论和价值观都应该有客观事实的底子。客观材料有多丰厚，历史结论就会有多扎实，相关的价值观就会有多中正。

小 结

批判性思维在中小学教育中有多重要？中国语言文化大学谢小庆教授为此专门建立了网站和博客[1]。他写道：

"真理是不是越辩越明？"我的回答是：常常不是。……我可以举三个例子，一个是辛亥革命，一个是"五四"运动，一个是罗斯福新政。已经过去了80、90、100年，已经辩论了80、90、100年，今天，大家辩明了吗？大家达成共识了吗？"五四"两面旗帜，科学和民主，关于"何为科学"，关于"何为民主"，今天仍存在很大的争议。

谢小庆指出："凡是对中国和发达国家的教育比较了解的人，都会发现中国和发达国家的教育之间，最大的差异在于审辩式思维。"在发达国家，许多小孩总是不断地问"为什么"。发达国家的孩子常常对家长和老师的话表示怀疑，半信半疑，而中国儿童却习惯于相信家长和老师的说法。

---

[1] 谢小庆：《中国教育最薄弱的环节是发展审辩式思维》，审辩式思维微信公众号第301期，《谢小庆的博客》，网易博客。谢小庆将 critical thinking 称为审辩式思维。

批判性思维是一个有自尊心、有独立思考意识的人必须具备的思维能力，也是每一个人的权利。加利福尼亚州立大学索诺漠分校"批判性思维与道德性批评研究中心"所长保尔说："教师和学生没有学会推理的技术，他们往往成为贫困的问题解决者。教师分不清记忆他人结论的学生和凭借自己的思考作出结论的学生之间的巨大差异。"[1] 因此，有没有批判性思维是区分容器式的、被动接受知识的学生和具有独立思考与反思能力的学生的重要标准，也是教育教学中必须着力保护和培养的高级思维能力。

面对当前的考试，教师和学生都能感到题目越来越灵活，这就是对思维灵活性的要求，而思维的灵活性在相当程度上依赖批判性思维。事物是发展的、普遍联系的，思考和看问题要动态、平衡、全面。我们生活的世界不是非黑即白的，我们面对的诸多问题没有唯一答案、标准答案，我们最需要的不是找到一个现成的答案，而是对事物进行分析和判断，这是一个现代人应具备的基本能力和素质。

不同的人对言论自由的必要性、内涵和边界、实施条件等也会有不同的认识。批判性思维基于世界的复杂性和不确定性，其定义实现了其核心价值——对思维对象的真实性、精确性、性质与价值进行分析和判断。批判性思维的可贵之处在于不仅明确地表明了自己的立场和观点，而且基于翔实的材料，以全面的、辩证的思维方式对思维对象进行了令人信服的分析，由此所作出的判断才是冷静、客观、理性的。例如，在学习一篇文章或一段历史时，不要简单地让学生"记住"书上的结论和文字，而是要鼓励他们思考：

- 文中哪些是事实，哪些是作者的观点？
- 作者写此文的目的是什么？
- 是否有不同的立场，文本反映了怎样的立场？
- 文中素材来自何处？可信程度怎样？
- 作者的假定是什么？有没有偏见？

---

[1] 钟启泉：《"批判性思维"及其教学》，《全球教育展望》2002年第1期。

- 作者说了什么？没说什么？言外之意是什么？
- 作者所用语言有什么特点，有什么内涵？
- 作者采用什么写作手法达到其目的？
- 你认为作者是否说理充分，为什么这样认为？

……

总之，批判性思维支持学生成长为一个理性的、具有独立思考能力的明智的公民。批判性思维是由批判性思维技能和批判精神两个方面构成的。批判性思维必须以一般性思维能力（如比较、分类、分析、综合、抽象和概括等）为基础，同时还要具有一些特定的批判性思维技能。这些技能可以被概括为下列八种：①确认议题和核心观点；②判断证据的可靠性；③判断推理的质量；④察觉未说明的立场、意图、假设以及观点；⑤从多个角度、结合多方面知识考察论证的合理性；⑥在更大的背景中检验论证适用性；⑦评定事物的价值和意义；⑧预测可能的后果等。概括地说，进行批判性思维就像评论家和法官那样进行审、查、判、断。

批判精神就是有意识地进行评判的心理准备状态、意愿和倾向。它可激活个体的批判性思维意识，促使个体朝某个方向去思考，并以审视的眼光来看待问题。具体来说，它包含下列六大要素：①独立自主；②充满自信；③乐于思考；④不迷信权威；⑤头脑开放；⑥尊重他人。[①]

著名旅美学者薛涌在其微信公众号"薛涌说"发表了文章《毁三观，背书竟然是有害的》[②]，从这篇文章中我们能看到鲜明的批判性思维，希望各位教师能从中仔细辨析批判性思维的四个要素：立场（观点），角度，素材，逻辑。

从脑科学看背诵

背书是中国经典的早教方式。《三字经》就是一例。我一向主张，当

---

① 刘儒德：《论批判性思维的意义和内涵》，《高等师范教育研究》2000年第1期。
② 该文引用于本书时有删节。

今的早教，务必突破这种死记硬背的方式。刚刚故去的新加坡前总理李光耀，一度被视为以"新儒学"治国的样板。但他生前也几次告诫：中国传统儒家那种死记硬背的学习方式不适合未来日新月异的挑战，要学习西方创造性的思维。

让我们回到脑科学的常识。

人类在进化中崛起为最高的物种，一大优势就在于大脑在后天的可塑造性。人类的未成年期是所有物种中最长的。一直到十八岁左右，人的大脑还处于成形中的未熟状态。这就使人类的大脑可以根据出生后面临的崭新生活环境来有针对性地打造神经网络的"硬件"。那么，这种后天打造大脑神经结构的过程是怎么完成的？脑神经学家们在反复强调自己所知非常有限的前提下，经常用两个概念来描述出生后大脑的成形过程。第一个过程叫"滋长"（proliferation），第二个过程叫"修剪"（pruning）。第一个过程，主要出现在早期，特别是婴幼儿期。此时脑神经"疯长"，结果是，孩子的脑神经细胞和网络，比成人要丰富得多。但是，进入青春期后，"修剪"的过程就越来越重要。一些没有接受外界刺激的、闲置不用的神经网络，逐渐被"修剪"掉，以简化脑神经网络体系，提高效率。

循着这个道理，我们不能不问：背书对脑神经体系的刺激是否过于单一？在背书上花的时间太多，是否会把其他创造性的活动挤掉，最终使这方面的大脑神经网络闲置，并被无情地修剪掉？这样背书，怎么会使大脑变得"更细腻、更精详"？

背书是过时的记忆方式

背书是一种非自然的记忆方式，属于过去的时代。

背书在人类的某个发展阶段上非常重要，这恐怕主要是在书面文字发展的早期。人类在有文字之前，传统要口口相传，要靠记忆。博闻强记的老人，在族群里地位至尊。等书面文字发明以后，重要的事情可以依靠文字记载。但在很长的时期内，书写技术昂贵，仅仅被少数人垄断。

当一般人甚至是很有地位的人也难得接触到书时，能背书就成了一大竞争优势。但是，当造纸术、印刷术不断普及，乃至进入无纸的互联网时代后，什么信息上网一搜都出来时，背书的价值，也就贬值了。

南怀瑾先生强调："尤其是所采用的古书，都是浓缩了'人文科学'和'自然科学'等多方面'智识'的结晶，所以后世的人，就很尊敬它叫做'经典'。""古人把最难记的'算术'，和其他'天文'、'地理'、'物理'等学识，都编成'歌诀'来唱，声声'朗诵'。那便是最高明的方法，使儿童不用绞尽脑汁去背记，自然而然地进入记忆，一生到老也不容易忘掉。"

其实，这些话本身就说明，大概南怀瑾先生一味背书，对现代科学几乎到了一无所知的程度。人文科学比较复杂，就我的本业历史而论，这门按说是最需古书的学科之一，最近二百年早已改天换地，革命性地改变了我们对人类过去经验的看法，根本不是读几本古书能了解的。这类问题比较复杂，先绕开不论，让我们面对自然科学。古人总结的"智识结晶"，有多少还有现实价值？"地心说"过时了，"日心说"也过时了，亚里士多德的体系崩解了，牛顿力学之后，又有爱因斯坦的相对论……在这种情况下，如果把古人编成"歌诀"的"算术"和其他"天文"、"地理"、"物理"等学识背诵，一生到老也不忘掉，这岂不是误人子弟吗？

中美阅读训练之不同

南怀瑾先生的《背诵的好处》在网络流行，和读经运动的崛起相辅相成。要不要读经，见仁见智。堪忧的是：许多读经人士所提倡的不仅是读经，而是背经。迷信经典，自然会走向迷信书本。这种倾向在中国的传统中根深蒂固，而且塑造着我们的学习。如果不加改变，我们在现代教育乃至现代世界的竞争中，都会遭遇重大的挫折。

不妨先说点个人经历。

那是在1990年吧。我刚刚开始学英语，有幸上了中国社科系和加州大学洛杉矶分校（UCLA）合办的一个英语课程。这个课程在当时的独树一帜之处，还不仅仅是由外教承担主要教学（中方老师基本扮演助手的角色），而且完全遵从美国的教育体系。

第一次上阅读课，就出奇地震惊：课程根本没有教科书，外教复印了一叠材料，是首次阅读，大概密密麻麻的有七八页吧。而且外教老师不讲，让我们先拿回去读，读完了再讲。我一下子惊呆了：过去不论是学英文，还是学中文，总是一篇短短的课文，后面有生词表，有语法要点等等。如果是英文的话，课文最多两页，而且排版稀疏，合起来不到这里的一页。这么学习，大多不用预习，上课时老师会把相关的地方都耐心地过一遍，周到细致。这位外教则一下子七八页砸过来，不但不讲，后面连个词汇表也没有，怎么个学法？最后连滚带爬地读完，再回来上课，老师一堂课居然还真讲完了。

这样的课程，让大部分同学晕头转向，我更是找不到北，一度因实在跟不上而被迫辍学，回家按自己的节奏恶补了一段时间的阅读，回来再上课算是跟上了。

等我到耶鲁读研究院时，又经历了类似的震撼。那是门社会学的课，和本科生一起上。课程的阅读量，居然是一周一本书，甚至还要外加一两篇论文。有一周，指定阅读是马克斯·韦伯的名著《新教伦理与资本主义精神》。那些小本科生之前还在班上问：韦伯是谁？我心里暗笑：这种经典，我中译本就啃了几个月，还没有读完，更不敢说理解。这帮孩子连韦伯是谁都不知道，居然一周能把书读完？

等一上课就傻眼了：那帮小本科生讲起来滔滔不绝，有的上来就把韦伯彻头彻尾批判一通，甚至称之"简单"、"肤浅"。我当时真有点亵渎神灵的感觉：年轻后生，面对大师真是无知者无畏，你们算老几，也配批判韦伯？然而，我不能不承认，他们提出的许多问题，我并不能回答，甚至从来没想到过。教授对他们的发言聚精会神地倾听，时有赞许。人家的书居然是这样读的！

中国传统文化塑造了这么一种迷信书本的心态：当一本书摆在你面前，特别是有人告诉你这是经典时，你就觉得这似乎是世界上最后一本书，于是每个字都要掌握、背熟，似乎漏掉一个字、一句话不懂，自己就会陷入愚昧无知。在西方则相反：一本书摆在你面前，这书仿佛是知识海洋中的一个小浪花而已，尝到点海水的滋味就可以，后面的东西还多着呢。老师和同学看到了这本书提出的问题，马上想知道另外的书是怎么看待同一个问题的。守着一本书不行，非多读几本不可。如果你课上总是讲韦伯怎么说，重复到一定程度，别人恐怕就觉得你是个脑子里只有一根筋、心胸狭隘的笨蛋。你恐怕很快会感到一种被嘲笑的压力。在那里，"半部《论语》治天下"肯定是个笑话。

我想一定有很多看了这篇文章的人想要反驳作者，这是正常的，也是值得鼓励的，批判性思维当然鼓励争论。但是，你能反驳得像作者一样视野开阔、角度多样、论点新颖、资料丰富吗？这篇文章是一个样板，教师要引导、鼓励学生像这样去思辨、去表达，这样才能有效地提高学生批判性思维的能力。

最后要强调的是，批判性思维并不是"没有原则"和"是非不分"。比如，在学习《滥竽充数》时，有的学生说"我觉得南郭先生其实也很聪明，他虽然不会吹竽，但吹竽的动作装得像模像样，这么长时间都没有被人发觉，不是很聪明吗？"教师应当对此进行引导而不是赞同，教师的引导以及教师与学生的互动也是批判性思维的体现，对学生来说恰恰是提供了榜样。这一点将在"正"一章进行更详细的分析。

此外，批判性思维绝对不是随心所欲的奇谈怪论，它恰恰强调的是"大胆质疑"、"严谨求证"、"理性精神"、"科学方法"。因此，教师在教学中，一方面要鼓励学生的批判精神，另一方面要优化学生的基本思维方法。

实——扎实的学科基本功

实：包括扎实又丰富的学科知识、学科方法与学科思想。

要解决的问题：如何帮助学生全面、深刻地掌握重要而又必要的学科知识、学科方法与学科思想，让学生练就扎实的"学科基本功"。

我们建议教师从以下几个方面入手来帮助学生打下坚实的学科知识与能力的基础：

(1) 构建学科知识框架，明确学习要求

(2) 贯通学科知识、学科方法与学科思想

(3) 准确把握学生的学习状况

(4) 准确把握教学重点和难点

(5) 加强对教学规律的把握，提升教学理论水平

❶

学习"动能"时，在给出动能表达式后，提出一个问题：为什么物体的动能是 $E_k = \frac{1}{2}mv^2$。交由学生讨论并叙述后，归纳总结：首先，物体的动能是指物体因为运动而具有的能量，那么动能的大小就应该与物体本身的质量 m 和运动速度 v 有关。其次，此前已有知识——物体重力所做的功等于物体重力势能的减少量，弹簧弹力所做的功等于弹簧弹性势能的减少量，那么物体动能的变化量也应对应物体受力所做的功。第三，由牛顿第二定律可以推得物体所受合外力做功 $W = \frac{1}{2}mv_2^2 - \frac{1}{2}mv_1^2$。因此，物体的动能自然是 $E_k = \frac{1}{2}mv^2$。

一般地，教师大多在给出动能表达式后，要求学生记住并用此式进行计算，那样只能使学生知其然而不知其所以然。如果提出上述问题，不仅促进了学生对动能的掌握，而且提高了学科思维能力。

学习了万有引力定律后，用流程图呈现万有引力定律发现的过程，既能显示万有引力定律的来龙去脉，又能展现知识的层次，还能渗透物理学科的思想方法。

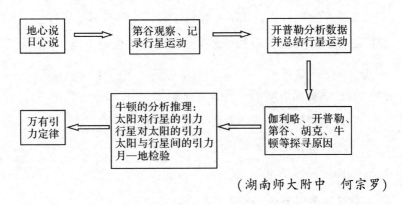

（湖南师大附中　何宗罗）

 点评：

何老师在这个案例中的解释不多，非常朴素，但我们很欣赏这样的教学。当前的教学，很多教师以考试为唯一指标，考试的内容一定要填到学生脑子里，不考的内容便束之高阁。何老师在案例中说，"给学生讲这些内容不仅显示了万有引力定律的来龙去脉，又展现了知识的层次，还能渗透物理学科的思想方法"。这说明，这样的教学，学生的收获是多层次、全方位的，由于知识之间形成了横向、纵向的关联，知识之间相互碰撞、相互作用，知识从多个角度被加工和阐释，这必然促进学生对知识的理解，一定有助于学生学得更扎实。

需要指出的是，这样的教学需要教师自身有扎实的学科基本功，需要教师平时对学科知识多琢磨，不断在知识之间形成多向、多层的关联。

❷

等温线判读是近几年地理高考的重难点之一，判读时应掌握判读技巧。我校执教高三地理多年的梁良櫆老师以 2010 年四川文综 36 题为例，让学生据图分析等温线的空间分布特点及其影响因素，针对学生回答的情况，采用以学促教的方式归纳出判读等温线的一般规律，即抓住等温线的走向、疏密、递变和极值四个方面。随后教师采用以图设问，板图答疑方式逐个进行分析，最后归纳等温线走向及其影响因素主要包括以下四点：（1）与纬线平行，受太阳辐射影响；（2）与海岸线平行，受海洋因素影响；（3）与等高线平行，受地形因素影响；（4）呈闭合状态，受地形因素影响。等温线疏密主要包括以下三点：（1）冬季密集，夏季稀疏；（2）中高纬密集，热带稀疏；（3）陆地密集，海洋稀疏。等温线递变主要遵循以下规律：同纬度地区，气温高的地区等温线向高纬弯曲，气温低的地区等温线向低纬弯曲。等温线极值判读规律为：（1）在山地、高原闭合曲线，冬夏均为低温；（2）在盆地闭合曲线，夏季为炎热中心，冬季为温暖中心；（3）温度不在正常范围特点为"大于大值，小于小值"。

这样的教学思路清晰，层次分明，逻辑严谨，注重读图用图技能指导，重视学生思维训练。

（湖南师大附中梅溪湖中学　欧芙蓉）

点评：

应试是教师和学生都必须面对的挑战，但应试有效率高低之分。本案例显示，教师如果把学习内容进行精细的梳理，使学科知识更有条理，这会有效减轻学生的认知负担，优化教学效果。

虽然我们对案例中的地理知识不是非常了解，但可以明显感受到教师对诸多知识进行了概括与分类，这是知识显得有条理的根本原因，而这种概括分类有赖于教师对知识的熟悉与深刻理解，这就是学科基本功的体现。此外，在概括分类的基础上，教师还对知识的性质进行了抽象，即分析、呈现了知识之间关系的规律和本质。

我的学生在作业中回忆小时候学乒乓球时教练传授的口诀——有关基本功的：松握拍，活运腕，迅挥臂……有关实战技术的：识工具、知球性、慎开球、多变化……有关实战策略的：少失误、占先机、虽领先、莫放松、暂落后、不气馁……有关精神面貌的：勤练习、求精进、重礼貌、结球友……学生说这些"三字经"凸显了乒乓球运动的关键点，确实帮了他很大的忙，精准地引导着他的训练。本案例中的教师所做的事情与此类似，即从诸多纷繁的知识中找到关键点、把握规律，从而精准高效地引导学生学习。

初三政治教学中，很多学生在理解、记忆我国基本经济制度与分配制度的关系时会遇到困难，我在上复习课的时候用图表将这些内容直观简单地表达出来，一目了然。

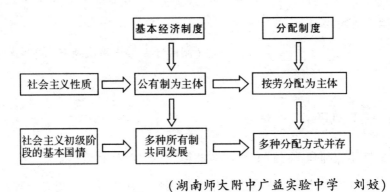

（湖南师大附中广益实验中学　刘姣）

点评：

这样的教学通过梳理知识之间的关系而把知识的基础打牢，这有赖于教师能够抓住教学的重点和难点。

我的学生在给我的作业中写道①：

> 高中《政治经济学》中就分配方式有这么一个说法："除了按劳分配外，还有按资本、管理、技术等分配。"这等于承认了除劳动以外按照其他因素进行利润分配的合理性。同时，政治经济学中还有著名的"剩余价值理论"——工人凭劳动创造了剩余价值，而资本家无偿占有了工人创造的剩余价值，这是资本家剥削工人的方式。显然，这两种说法是矛盾的，前者认为资本家因其资本获得利润是合理的，后者认为这是剥削，如何理解这相互矛盾的说法呢？

看来这确实是学生学习中不容易理解和掌握的一个知识点，这也说明教师对学生学习的薄弱之处有非常清晰的把握。这样的教学查缺补漏、有的放矢，对于打牢学生的知识基础很有意义。

❹

动植物类群及特征多而繁杂，学生很难记得全面，利用进化树，将各类动植物类群进行归纳，方便学生通过比较，了解生物之间的进化关系或亲缘关系，并且进化树由简单到复杂、由低等到高等、由水生到陆生的进化总趋势，可以帮助学生在脑海中形成知识网络图，加深记忆。还可以辅以相应的练习题，加以巩固。

---

① 赵希斌：《听，学生在说：故事里的教育心理学》，华东师范大学出版社2015年，第9页。

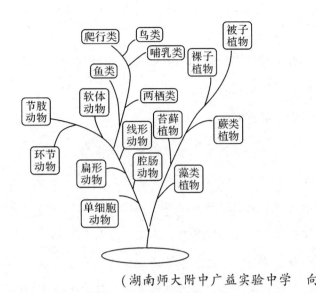

（湖南师大附中广益实验中学　向阳）

 点评：

这个案例显示了重要的生物学科思想：（1）生物的形态结构与其功能是相匹配的；（2）多种生物之间存在着基于进化的关联。

进化树以非常形象和生动的方式让学生看到了生物之间的进化或亲缘关系，这个图的信息量是非常大的，学生可以从多个角度、多个层面审视图中的各项信息，这为学生充分加工这些知识提供了好的机会与平台。在日常生活中，有一些孩子、年轻人会盯着墙上挂的世界地图，一看就能看上半个小时甚至更长的时间，这个过程可谓浮想联翩——地貌气候、热点事件、历史故事、惨烈战役、现代产业、旖旎风光、名人大腕、艺术大家……学生在一次又一次的浮想联翩中将多种知识一遍又一遍地回顾、反思、关联。因此，在教学中教师一定要有意识地用各种形象生动的方式组织、呈现学科知识，让学生有机会在这个平台上不断学习和综合所学知识，这也是加强学生学科基本功的一个好方法。

❺

人教版高中《生物》（必修2）"遗传与进化"模块在教学内容的编排上基本按照科学发展的历史进程，从孟德尔到摩尔根再到沃森和克里克，既展示了科学的过程和方法，同时也体现了个体、细胞、分子水平的遗传知识的内在逻辑联系。为了让学生体验和理解科学家是怎样思考的，我给学生补充了有关发现DNA平行螺旋结构的材料：

> 美国科学家沃森和英国科学家克里克1953年4月25日和5月30日在《科学》杂志上发表论文，提出了DNA的结构及其自我复制的机制，这是人类解读遗传密码的突破性重大发现，沃森和克里克因此而获得了1962年的诺贝尔医学或生理学奖。
>
> 1951年，有三组分子生物学家为解开DNA之谜而展开研究，沃森和克里克之所以能在这场竞赛中获胜，一个重要的原因是二人坦诚相见、通力配合。另外一组研究人员是来自新西兰的生物物理学家威尔金斯和来自英国的X射线晶体照相专家弗兰克林。可惜，这二位聪明的科学家并不能和睦共事。弗兰克林利用自己高超的拍照技术，清晰地排出了DNA的结构，而她的合作者在没有经过她同意之前，将此照片呈现给沃森，沃森在回忆录中提到，"我惊呆了，谜团开始解开了"。沃森马上和克里克进行了深入的讨论和研究，最终提出了DNA的平行螺旋结构。沃森和许多人说过，如果弗兰克林有一个她自己觉得可以无拘无束地分享各种想法的科研搭档，她也能解开DNA结构之谜。

针对这段材料，我给学生提出了问题：沃森和克里克不到两年时间便打败众多对手，他们成功的原因是什么呢？是什么原因使他们想到用模型构建的方法来解决问题的？而模型构建的依据是什么？该怎样去检验构建模型的正确性呢？

为了帮助学生回答这些问题，我又给学生提供了相关的信息资料：BBC纪录片《细胞——生命的化学》、《美丽的科学图画——脱氧核糖核酸》、沃森备受争议的书《双螺旋》等。我要求学生在这节课正式上课前一周便阅读和观看这些材料，这样可以让学生有更多的时间去思考，甚至在这一周时间里使DNA的相关话题充斥于他们的生活，能带着问题进课堂是学习的最佳境界。

（湖南师大附中梅溪湖中学　梁怡琴）

点评：

　　多么重大的发现，多么光辉的荣耀，却有着一丝的偶然！沃森和克里克获诺奖背后的这个故事一定非常吸引学生。在这样的兴趣启动之后，教师给学生们推荐了更多的有关DNA发现的信息资料，这些资料让学生有机会了解这个重要发现背后更多的历史。更重要的，教师提出了很有价值的问题让学生思考，让学生"还原"科学发现背后的思维轨迹，这使得学生对知识的来龙去脉了解得更加清楚。

　　教学效率不高的一个重要的原因是学生学的知识没有扎根——不扎实，所学知识没有背景、没有历史、没有与其他知识的关联，这样的知识是片段、孤立、破碎的，不但容易遗忘，而且由于缺乏相关材料的支持，还不利于学生理解。如果把学生要学的知识比作一株植物的话，本案例教师所做的很像是在"培土"——为这株植物能够扎根奠定基础。因此，我们建议每一个学科教师，面对要教给学生的知识，都要想一想、找一找与这些知识相关的背景材料，包括纵向的发展历史，横向的与其他知识的关联，这样不仅能让学生学得更扎实，而且还让学生学习、领悟了相关的学科文化，这无疑是非常重要的教学策略。

❻

　　我在教学中给学生出了一道题：化简 $\sqrt{(-9)^2}$ = _____。（答案：9）

学生正确给出了答案，下面是我和学生的对话：

教师：你确定$\sqrt{(-9)^2}=9$吗？老师觉得它应该等于±9。

学生：确定$\sqrt{(-9)^2}=9$，你骗不了我的！

教师：你为什么就不错呢？

学生：我知道你想考什么。

教师：那你说说我是想考什么？

学生：我一看就知道这题有两个陷阱，一个是想让我们混淆平方根和算术平方根，那样就会填±9，第二个是想让我们认为$\sqrt{a^2}=a$，其实只有当$a \geq 0$时这个式子才成立，否则在一般情况下$\sqrt{a^2}=|a|$。

（湖南师大附中高新实验中学　游瀛）

点评：

衡阳市船山实验中学的刘琨老师有这样一个教学案例：

记得有一次考试，一学生只考了63分，有37分的错题要我给她讲解。我说我们知道物理要"以理释物"，你给我思考每道题考什么，把所考知识点（即"理"）写在旁边。如果仍然不会改错，再来问我。第二天我问她，她说不需要老师讲解，她已全部弄懂了。

这与上面的数学教学案例有异曲同工之妙，本质上都是要求学生不但要解决问题，还要反思解决问题的过程，并从中总结规律。

教学实践中有一种"双诱式"教学模式①：

---

① 张静等：《"双诱式"数学解题教学模式探析》，南阳师范学院学报（自然科学版）2002年第1期。

传统"注入式"教学模式下,学生在解题过程中常常会出现思路不畅、无从下手,或思路通、方法对却不能快速得解甚至无法得解的现象。"双诱式"教学"变教为诱,变学为思,以诱达思,促进发展"。本案例即体现了这种教学模式的特点,教师不但诱导学生探究,还诱导学生对解题的思维过程进行反思、评议。这就体现了一个很重要的教育心理学的原理——"元认知"[1],即对知识更上位的掌控。有研究者比较了两位高中数学普通教师和特级教师的教案[2]:

> 从内容上看,普通教师的教案只是对教学过程的简单描述,题目讲解仅仅体现了解题的思路与过程,是教学内容的简单罗列,并没有依据学生情况思考多种解题方法,也并不能体现在何处有意识地渗透数学思想方法,真可谓"简案"。特级的教案显然比普通教师更加丰富,尤其是在对题目的分析上,该教师不仅仅对解题方法和步骤进行了分析,并且把解题时要注意的问题以及其中蕴含的数学思想也标注出来(多处备注),即思考了一堂课要教给学生什么,培养学生什么样的能力,要学生达到什么样的程度。更重要的是对如何达到这些目标都做了思考和安排,并把想法与如何实施计划的手段都写在教案上,表明他对"怎样做"相当重视并进行了深刻的思考。这说明该特级教师有相当高的教学元认知能力。

因此,高水平的教师具有高水平的元认知能力,他不但能在教学中利用这种能力优化教学,而且能够有意识地培养学生的元认知能力。元认知可看作对认知的认知,学生解题是一个认知过程,题目是认知的对象,而元认知是把解题过程中的认知调取出来,对其进行还原、分析、判断。如我为什么

---

[1] 元认知,又称反省认知、监控认知、超认知、反审认知等,是指人对自己的认知过程的认知。学习者可以通过元认知来了解、检验、评估和调整自己的认知活动。元认知可以由元认知知识、元认知体验和元认知监控三部分组成。

[2] 王淑娟:《高中特级与普通数学教师解题教学元认知的比较研究》,广西师范大学硕士学位论文,2012,第36页。

用这种方法、和另一种方法有何异同、这和我上次做错的题目有何关联、这道题容易错的地方是哪里……经过这样的思考，学生的收获不但是会做这道题，更重要的是对解题的方法和策略有了把握，这不就是授之以"渔"的价值吗？

❼

要将高中英语教学落到实处，教师除了要对学生进行听力、阅读能力、写作能力的专项训练，日常教学中语言点的教学也尤为重要。

语言点的教学目前存在一些误区：有些老师喜欢拿着一本教学参考书逐点讲解；有些老师下载现成的课件，不经过筛选和调整直接用于自己的教学；有的老师一段一段为学生仔细分析课文中包含的重点单词、短语、句式……最终的教学效果不一定好。有时，上完一节语言点的课，学生能记住几个单词和几个短语，但是这些单词和短语是如何结合在一起为表达篇章的主题服务的，很多同学就不太明白了；而之后再遇到与所学篇章类似的主题还能记起这些单词、短语、句式的同学就更少了。

要夯实日常的语言点教学，教师可以以词汇的教学作为突破口。教师如果能够恰当地运用词块理论指导语言点特别是词汇的教学，将达到事半功倍的效果。

随着语料库语言学的发展，语言学家经过电脑数据统计分析发现，英语中的语言交际90%是由固定或半固定的模块化的多词组合结构来实现的，这就是"词块"。语块教学法创始人 Lewis 认为（1）词汇是语言的基础，人们普遍认为语法是语言的基础，往往错误地低估了语言教学中词汇的重要性；（2）语法化的词汇是语言教学的关键；（3）语言由有意义的语块组成，语块相互组合便产生了连贯的语篇，只有少部分的口头表达语句是完全崭新的语言创造。

词块有如下特点：（1）预制性。掌握大量预制性、公式化的词块是以后熟练和创造性使用语言的基础。(2) 词块集语义、语境和语法为一体。也就是说，词块是一种兼具形式与功能性质的语言构件；词块的构成有着一定的结构和规则；词块的使用是为了表达特定的意义。(3) 约定性。许多词块是人们在语言行为过程中约定俗成的，它们按照特定的社会惯例而形成并有固定或半固定的搭配。

词块不仅包括单个词，也包括储存于我们大脑词库中词的组合。词块可以分为：单词，如 animal, pen；词群，如 by the way, look down upon；词语搭配，如 community service, absolutely convinced；惯用表达，如 "I'll get it.", "We'll see.", "That'll do.", "If I were you...", "Would you like a cup of coffee?"；句子框架或开头，如 "That is not as... as you think.", "The fact/problem/danger was..."；语篇框架，如 "In this paper we explore...", "Firstly...", "Secondly...", "Finally..."；有些词块是固定不变的，例如：to catch a cold, rancid butter, drug addict 等；有些词块则是半固定的，可以用其他词或短语替换，例如 blood/close/distant/near (est) relative, learn by doing/by heart/by observation/by rote /from experience.

总之，词块教学突破了传统的单词、词汇的范围，也远远超出了词汇搭配的范围，扩大到句子甚至是语篇的领域。有效学习词块可解决学生语言产出水平低的问题（包括语病百出，表达不符合英语语言习惯，母语干扰现象严重等）。词汇是语言输出的基础，以词块为核心的词汇教学有利于提高学生语言生成能力。词块的不同组合就形成了句子，进而可以组成连贯的语篇。

以模块9第3单元的教学设计为例，这一单元的主题是"颜色所反映的文化差异"。通过仔细研读课文，我发现本课篇章中有相当多与"表达、代表"、"关系、关联"相关的词语搭配，篇章中还有不少词类活用以避免重复的表述。如果学生能很好地运用这些同义短语和词汇，不但可以使自己的表达更为多样化，在描述其他文化差异时也可以拿来就用，从而提升表达的准确度和流畅度。因此，最终我将"学习词块的多样化表达"设计为本堂语言点教学课的主要教学目标。

本课的词块包括：

可替换的词块组Ⅰ：represent, stand for；be symbolic of, symbolize；be a symbol of, means……

可替换的词块组Ⅱ：associate with, be related to, be connected with, have a link with, relate to, have something to do with……

教学中我设计了多样化的练习让学生熟悉、理解和运用这些词块。当学生们从"词块的多样化表达"的角度来细读文章时，他们自然而然地学习了不少"语言点"。通过本课的学习，学生普遍反映本课所学的这些语言点并不是割裂开来，没有联系的。这些词块在语义上存在关联，能够如建筑材料中的预制板块，被整体学习并储存在记忆中，在使用时能够直接被提取。同时，由于是整体提取，学生所选择的词语更符合英语语言习惯，有效避免了中式英语的困扰，提高了写作语言的准确性和地道性。在写作中运用词块知识不仅能够有效提高语言资源信息处理的效率，而且能够提高语言输出和表达的流利性、准确性、地道性和生动性，符合中国学生的认知规律和学习特点，从而增强了学生英语学习的成就感。

（湖南师大附中　周彦）

 点评：

这是一个非常重要的案例。

相当多的教师在教学中排斥理论，认为理论枯燥、没用、难懂。理论有价值高低的区分，还有能否联系实践的区分，对于那些价值低、不能联系实际的理论可以排斥，但对于有价值又能指导实践的理论，教师不仅要多学，还要多用！教什么？怎么教？教学一定是有规律的，这没有人会否认。理论可以看作规律的表达，掌握了理论就把握了规律，教师怎么能没有理论储备、不用理论指导教学呢？

本案例中周老师完整、清晰地展现了她如何依据词块教学理论设计及实施自己的教学。案例的文字非常清晰、有逻辑——分析了当前词汇教学的弊端及其对英语学习的消极影响，澄清了词块的含义及其对解决词汇教学弊端的价值，在此基础上根据所教内容实施了恰当的教学设计——这充分显现了理论源于实践又用于指导实践的过程。

什么是专家型教师，一个极为重要的指标就是要有相当高的理论水平，这种理论水平不应体现在其发表了多少篇论文，而应体现在其对教学规律的把握有多全面、多深刻。

在本案例中，周老师首先引述了 Lewis 的研究结果，从三个方面说明了词块的基本性质及其在英语中的作用，然后呈现了词块的三个特点，最后呈现了词块的六种具体类型以及两种分类（按照其固定还是半固定的标准）。这就是非常具体的有关词块的规律性的认识，这种认识就像建房子先搭起来的架子一样，有了这些架子，各种知识自然可以依附其上，具体知识因此而关联起来并且更有条理，依据这样的理论实施的教学自然也更高效、更扎实。

小　结

本部分的小结将呈现一个完整的教案、学案，在此基础上我们提出如何让学科基本功扎实的建议。这个案例——《导数复习——导数及导数的运算》——是山东东营河口一中孙文龙老师提供的学案。孙老师的这堂课，给我留下了极为深刻的印象，非常典型地体现了扎实的学科基本功。

导数复习——导数及导数的运算（学案）

学习目标：

1. 通过对导数几何意义的复习，深入理解导数的几何意义，并会根据导数求解与曲线的切线有关的问题。

2. 通过对常见导数的求导公式及四则运算的学习，会求一些简单函数的导数。

3. 理解导数的概念，并在实际情境（如位移问题）中，会用导数解决问题。

目标达成：

1. 通过例2及当堂检测2完成目标2的达成。

2. 通过例3和例4及当堂检测3、4完成目标1的达成。

3. 通过例1和例5及当堂检测1、5完成目标3的达成。

【基础知识梳理】

1. 函数$y=f(x)$在$x=x_0$处的导数

①定义：称函数$y=f(x)$在$x=x_0$处的瞬时变化率_____$=l$为$y=f(x)$在$x=x_0$处的导数，记作$f'(x_0)$，即$f'(x_0)=$_____。

②几何意义：函数$f(x)$在点x_0处的导数$f'(x_0)$的几何意义是在曲线$y=f(x)$上点$(x_0,f(x_0))$处的_____。相应地，切线方程为_____。

2. 函数$f(x)$的导函数

如果$f(x)$在开区间(a,b)内每一点x都是可导的，则称$f(x)$在区间(a,b)可导。这样，对开区间(a,b)内每个值x，都对应一个确定的导数$f'(x)$。于是，在区间(a,b)内，_____构成一个新的函数，我们把这个函数称为函数$y=f(x)$的导函数，记为_____。

3. 导数四则运算法则

① $[f(x)\pm g(x)]'=$_____。

② $[f(x)\cdot g(x)]'=$_____。

$[C\cdot f(x)]'=$_____

③ $\left[\dfrac{f(x)}{g(x)}\right]'=$_____ $(g(x)\neq 0)$。

4. 基本初等函数的导数公式

$y=f(x)$	$y'=f'(x)$
$y=C$	
$y=x^n$ $(n\in N)$	
$y=a^x$ $(a\rangle 0,a\neq 1)$	
$y=\log_a x$ $(a\rangle 0,a\neq 1,x\rangle 0)$	
$y=\sin x$	
$y=\cos x$	

【题型讲练】

考点一：导数的概念的应用（考查学生对导数的概念的掌握情况，平均变化率的变形是考查的难点）

例1　设 $f(x)$ 在 x 处可导，则

$\lim\limits_{h \to 0} \dfrac{f(x+2h)-f(x)}{2h} = $ _____

$\lim\limits_{h \to 0} \dfrac{f(x+h)-f(x-h)}{2h} = $ _____

$\lim\limits_{h \to 0} \dfrac{f(x+2h)-f(x-h)}{2h} = $ _____

当堂检测1：已知 $f(3)=2$，$f'(3)=-2$，则 $\lim\limits_{x \to 3} \dfrac{6-3f(x)}{x-3} = $ （　　）（适当变形，加深理解）

A. -4　　B. 6　　C. 8　　D. 不存在

考点二：导数的运算

例2　对下列函数求导（让学生明白不是所有的题目拿过来都直接求导，有些需要先化简变形，这样求导会更方便易行，从而简化计算）

(1) $y = x\left(x^2 + \dfrac{1}{x} + \dfrac{1}{x^3}\right)$

(2) $y = x - \sin\dfrac{x}{2}\cos\dfrac{x}{2}$

当堂检测2：求导（练习求导公式的熟练程度）

(1) $y = e^x \sin x$

(2) $y = \dfrac{\ln x}{x^2+1}$

考点三：导数的几何意义

例3　（2014·江西高考）若曲线 $y = x\ln x$ 上点 P 处的切线平行于直线 $2x-y+1=0$，则点 P 的坐标是_____。（导数几何意义求切线中"在某点处"的问题）

当堂检测3：(2014·江苏高考) 在平面直角坐标系 xOy 中, 若曲线 $y = ax^2 + \dfrac{b}{x}$ (a, b 为常数) 过点 P (2, -5), 且该曲线在点 P 处的切线与直线 $7x + 2y + 3 = 0$ 平行, 则 $a + b$ 的值是_____。

例4 过原点作曲线的切线 $y = e^x$, 则切线的方程为_____。(导数几何意义求切线中 "过某点的切线" 的问题, 与例3相对应)

当堂检测4：已知直线 l 过点 (0, -1), 且与曲线 $y = x\ln x$ 相切, 则直线 l 的方程为_____。

考点四、导数的综合应用

例5 一直线运动的物体, 从时间 t 到 $t + \triangle t$ 时, 物体的位移为 $\triangle s$, 那么为 $\lim\limits_{\triangle t \to 0} \dfrac{\triangle s}{\triangle t}$ (   )。(考察导数的概念)

A. 从时间 t 到 $t + \triangle t$ 时, 物体的平均速度

B. 时间 t 时该物体的瞬时速度

C. 当时间为 $\triangle t$ 时该物体的速度

D. 从时间 t 到 $t + \triangle t$ 时位移的平均变化率

当堂检测5：抛物线 $y = x^2$ 上的点到直线：$x - y - 2 = 0$ 的最短距离为_____。(导数结合数形结合的方法解决几何问题)

【课堂小结】

谈谈你本节课的收获。

【课外作业】

1. 已知某质点的位移 s 与移动时间 t 满足 $s = t^2 \cdot e^{t-2}$, 则质点在 $t = 2$ 的瞬时速度是 (   )。

　　A. 4　　B. 6　　C. 8　　D. 16

2. 直线 $y = ex$ 与函数 $f(x) = e^x$ 的图像相切, 则切点坐标为_____。

3. 已知 $f'(x)$ 是函数 $f(x)$ 的导函数, $f(x) = \sin x + 2xf'(0)$, 则 $f'\left(\dfrac{\pi}{2}\right) =$ _____。

这个案例很长，但笔者没办法做任何的删减，因为它完整、清晰、井井有条！

导数、求导是非常抽象的数学知识，当笔者知道要听的数学课是有关导数的，不禁感到为难——这个我20多年前学过的知识一点儿都回想不起来了。一堂课听下来，太让我惊讶了！因为我竟然跟上了老师的思路，基本都听懂了。这堂课显示了以下几个特点：

- 内容虽然很多，但在50分钟的时间里孙老师和学生们从容地完成了每一道题的练习，完全实现了学案中的所有目标。
- 学生和教师互动特别好，学生紧跟老师，老师也处处照应学生。
- 教学内容与教学形式匹配得好，哪些详讲、哪些略讲、哪些让学生讲、哪些只讨论不讲，孙老师灵活把握着这一切。

教学中有一个细节给我留下了很深的印象。孙老师给出一道题让学生做，他巡视了一下，然后让一个女生说答案，答案说出后很多学生都说不对，孙老师问女生怎么做的，女生无法说清楚，孙老师在黑板上写了几个步骤，问她："你是不是这么做的啊？"女生点头。此时我看到有几个学生缩了下脖子或吐了下舌头——显然，做错的学生还不少。

下课我问了学生，这个课是第一次上吗？学生说是。根据我在课上的观察，绝大多数学生都非常认真地思考，也表现出了不少学习漏洞。因此，这堂课绝不是"做"出来的，是真实的，这不禁让我想起"庖丁解牛"——孙老师对自己要教的这部分知识、对学生学习的了解实在是太扎实了！

孙老师所在的学校通过培训、研究、实践，近两年一直在推行"目标导向教学"，与当前时髦的各种课堂相比，这实在太朴素了。但我将此看做返璞归真，这是教师的基本功，是让教学变扎实的基本条件。这是教学永远的重点，是永远的追求，现在不是过时了，而是很多老师还做不到、做不好！河口一中这几年高考成绩大幅度提高，今年的一本上线率又比去年提高了60%，去年首次有了一个学生考上北大，今年考上了两个。当然，分数、升学率只是优质教学的评价指标之一，但从学校教学效果的变化我们能体会到，扎实的学科基本功、扎实的教学实施才能最终扎实地优化教学效果。

　　从这个案例我们能看到孙老师在这一堂课下了多少工夫——梳理基础知识、预判难点重点、选择典型试题、安排知识呈现顺序、理清各知识点之间的关系等等。该讲的知识点讲到位、澄清学生的学习状况、帮助学生搭起知识框架、高效地解决教学中的重难点，这些不就是教师的基本功吗？

正——正确先进的价值观

正：指正确先进的价值观。价值观要与时俱进，要辨别、摒弃传统价值观中的消极成分。

要解决的问题：如何将价值观教育合理、有效地渗透在日常教学中。

对于教学中的价值观教育，我们的建议是：

（1）求善、求真、求美是价值观教育的三个基本方向和线索。

（2）加强学生的体验，给学生呈现真实、生动的材料，以情动人，避免价值观教育空洞、说教。

（3）教师要避免灌输，要有意识地促进学生思考，让学生养成不盲从、不轻信、有主见的思维习惯，为此教师要准备全面、丰富、深刻的素材。

❶

这是一堂人教版《历史》（必修1）第12课《甲午中日战争和八国联军侵华》的公开课。最后5分钟，老师在大屏幕上显示以下文字：

> 中日两国在19世纪和20世纪都发生了战争，现在中日两国在很多领域产生了摩擦，离上次中日战争又过了70年。中国曾经在中日战争中败得很惨，21世纪如果中国与日本开战，这将是中国给日本一个教训的机会。你认为战争大概什么时候爆发？可能的远因和近因分别是什么？如果中国赢了，会是赢在什么地方？输了会是输在什么地方？

此题一出，教室里马上炸开了锅。学生神情激动，"打倒小日本！""打就打，谁怕谁？"之声不绝于耳。同学踊跃发言，答案五花八门，由于时间关系，学生并没有机会思考，也没有进行深入探讨，教师在下课铃声响起之后，把问题留给学生课后思考，简单总结之后宣布下课。有少数同学还沉浸在刚才的问题中，在课间交流着彼此的想法。课后的同学比课堂上更加放松，交流的人群中常有笑声传出，多是半开玩笑式的探讨。男生们多关心中日间的军事力量比较，谈着军舰吨位、海军数量等问题。

　　我认为，这样的教学存在很大问题。它给同学造成一种误解：中国跟日本在19世纪打了甲午战争，20世纪打了抗日战争，则21世纪也必然发生战争。这种战争宿命论是错误的，没有历史证明两个国家曾经交战，就是永远的敌人。从情感态度上看，它在宣扬一种民族敌对情绪，选择战争作为解决中日关系的唯一手段，是在向学生灌输战争观、暴力观，导致学生在民族关系问题上缺乏冷静的思考和理性的判断，这是绝对错误的。

　　因此，无论问题的设计有多么巧妙，如果价值观出了问题，这样的教学就会对学生产生很大的危害。我认为，这个问题可以改成："中国跟日本19世纪打了甲午战争，20世纪打了抗日战争。21世纪，中日两国是否能避免兵戎相见？说明理由。"

（湖南师大附中　李珊）

点评：

　　战争是人类的智慧不足以解决问题时而采取的最无奈、最悲惨，也可以说是最愚蠢的行为，暴露了人性中最黑暗、最残暴的部分。战争中邪恶的一方最终为自己的邪恶买单，战争中正义的一方要遭受邪恶一方的伤害，从这个角度上看，战争没有胜利者，所有牵涉战争的人都将受到伤害并付出极大代价。因此，在一个文明社会的文明的课堂上，教师要充分让学生认识到战争的危害，而不是挑动极端民族主义，挑动战争欲望。不以战争、武力的方式解决争端，这是中国政府一贯的立场，也是冷静理性的态度。

　　中国当前和周边几个国家都有领土争端，如果一遇到争端就喊打喊杀，追求以战争解决问题,这不成了穷兵黩武了吗?这不是我们批判的军国主义吗?这不是缺乏智慧解决争端的表现吗?

本案例李珊老师的反思是到位的,将原课的问题改成"如何避免中日战争"也是明智的。总之,中国要加强国防力量,但这不是为了挑起战争,从某个角度看恰恰是为了避免战争,在和平年代祈求永远的和平,避免战争的发生和战争对人类的戕害,这是基本价值观,是体现大是大非的原则立场。

❷

在讲"氯气的性质"这一节课的时候,我有意引入了价值观的教育。

师:现在我手上有一瓶按照化学家舍勒的方法制备的氯气。请一位同学上讲台来观察它,并为我们做简短汇报。

生:(拿到集气瓶,观看,揭开玻璃片,"扇闻"气体)黄绿色气体,具有强烈刺激性气味的气体。

师:没错,氯气的气味非常刺鼻,闻多了会导致死亡,是名副其实的有毒气体。但是,历史上人类却用氯气来互相戕害,这是非常悲惨的一段历史。

学生专注地看着老师。

师:第一次世界大战期间,德国军队在与英法联军作战时,首次使用氯气攻击敌方。高达30英尺的黄绿色气体在东风的吹拂下缓缓向前推进。这种致命的气体灼伤了协约国士兵的眼睛和肺,让他们呕吐并在痛苦中倒地。数以百计的人在口吐鲜血和绿色泡沫后死去。士兵们的银质徽章和皮带扣也变成黑绿色。1915年4月22日,德军在第二次伊普雷战役中大规模施放氯气,德军用5730只钢瓶向法军阵地施放了180吨液态氯气,造成15000名法军士兵中毒,其中5000人死亡,2400多人被俘。它也成为化学武器进攻的首个成功战例。4月24日凌晨,德国再次施放氯气。黄绿色的毒雾以每小时13公里的速度,贴着地面,飘向协约国阵地。阵地上的加拿大士兵遭遇了和英法士兵同样的命运。5月24日,德国发动了一次更为猛烈的毒气战,在密集炮火的掩护下，德军沿着3千米长的战线，在伊普雷西南方向再次倾倒氯气钢瓶，施放氯气。毒雾很快吞没了伊普尔这座历史名城。虽然协约国士兵吸取了一个月来的教训，使用了防毒面具，但由于这次氯气浓度太高，很多士兵还是中毒晕倒。长达4小时之久的毒气袭击，让3500名协约国士兵中毒，丧失战斗力，德军轻而易举地占领了伊普雷。伊普雷化学战引发交战双方大规模使用化学武器作为主要进攻和报复手段，并且导致化学战的规模越来越大。值得庆幸的是，人性的光辉始终没有泯灭。现在，禁止化学武器已成为世界人民的共同呼声，越来越多的国家在《禁止化学武器公约》上签字。

学生们非常认真地听我讲述这一段历史，陷入了深深的思考中。

（湖南师大附中　喻永）

 点评：

这个案例恰恰呼应前面有关战争的案例，让学生们看到战争的残酷及其对人类的伤害。

理科教学要实现"S-T-S整合"——Science（科学）、Technology（技术）、Society（社会）的整合——即将科学、技术置于社会的背景之中。STS教育始于20世纪60～70年代西方发达国家，科学技术迅速发展，带来了经济发达、社会繁荣，但与科学技术发展有关的重大社会问题（如环境、生态、人口、能源、资源问题等等）也随之不断出现。现代科学技术的发展，正在冲击着人们的价值观念、伦理观念以及其他社会观念。人们已不再着迷于宏大的工程建设，因为巨大的经济效益往往不足以弥补其对生态的损害；人们不仅赞佩基因工程的神奇魅力，同时也担心它的失去控制可能带来严重的后果；人们惊喜于试管婴儿的诞生，又忧虑由此引起的伦理和法律上的困惑和纠葛；核技术和太空技术的发展，使人们不得不思考战争与和平的问题。"S-T-S整合"要求教师要有人文关怀，本案例的喻老师做到了这一点。

类似这样的例子非常多，人类的每次战争都使用了最先进的技术，将很多科学发明用于制造武器,用于屠杀,这是悲剧,也是很荒谬的。这显示了人性中的弱点,也显示了人类的智慧还不足以解决某些困难的问题。

　　喻老师引用的这段材料很好,好在具体、生动。"高达30英尺的黄绿色气体在东风的吹拂下缓缓向前推进。这种致命的气体灼伤了协约国士兵的眼睛和肺,让他们呕吐并在痛苦中倒地。""士兵们的银质徽章和皮带扣也变成黑绿色。""黄绿色的毒雾以每小时13公里的速度,贴着地面,飘向协约国阵地。"这样的文字有很强的画面感,让学生能够感同身受。价值观教育首先要打动人,不能动感情的教育只能停留在概念层面,案例的鲜活、动人是价值观教育能够成功的重要前提。

❸

　　人教版《语文》(七年级下)《伟大的悲剧》,文章的作者把"伟大英雄"的荣誉送给了第二个到达南极点的斯科特一行人,这些人的恐惧、沮丧、惊慌也都无一遗漏地呈现在文本中。对学生来说,这与他们印象中"英勇无畏、所向披靡"的"英雄"形象有落差,这个时候老师可以借助文末语段帮助学生树立一个正确的价值观:"一个人虽然在同不可战胜的厄运的搏斗中毁灭了自己,但他的心灵却因此变得无比高尚。所有这些在一切时代都是最伟大的悲剧。"斯科特一行人虽然失败了,但是他们心中涌动着博大而深邃的爱,他们用生命在南极的脊背上为全人类树立一座爱的丰碑,他们敢于探索自然、挑战自我的精神本身就是一种"伟大",他们即使失败,也无愧于"英雄"的称号,他们的害怕、恐惧、沮丧更有助于真实呈现这群血肉丰满的英雄形象。

(湖南师大附中广益实验中学　史小华)

 点评:

　　这个案例让我们意识到,教学中处处都有价值观教育的机会。

《伟大的悲剧》讲了1912年1月，斯科特一行五人历尽千辛万苦逼近了南极点，可他们失望地发现以阿蒙森为首的挪威人已在他们之前到过这里了。斯科特他们沮丧极了——"第一个到达者拥有一切，第二个到达者什么也不是。"斯科特在日记中写道："历尽千辛万苦，无尽的痛苦烦恼，风餐露宿，这一切究竟为了什么？还不是为了这些梦想，可现在这些梦想全完了。"由于恶劣的天气、食物匮乏、疾病、冻伤、体力不支，返程途中斯科特团队中的人逐个死去，斯科特海军上校的日记一直记到他生命的最后一息。

本案例中史老师利用这篇文章最动人的一句话对学生进行价值观的教育，这是值得鼓励的。同时，我们也提醒读者，价值观教育可以是多个层面、多个层次的。以《伟大的悲剧》为例，有三个切入点是很重要的价值观教育的契机：

第一，这个悲剧为什么伟大？教师可以引导学生体会，每个人都会死去，很多人在临死前所受的折磨比斯科特他们更甚，但为什么斯科特团队的死是伟大的？最根本的原因是他们为了什么而死——他们是在探索、抗争的过程中死去的，这样的死就显得悲怆而伟大，他们是在和命运、自然、自我战斗的过程中死去的，因此，他们是"战士"，他们是作为"战士"带着满身的伤痕倒下的。

第二，类似南极探险这样的活动有何意义？探险活动付出巨大的代价乃至生命，其意义在哪里？我想学生的内心一定会有这样的疑问。《伟大的悲剧》提供了一个机会，让我们与学生共同面对这个问题。如果有上帝，他看着我们人类所做的这一切，是否像我们看着蚂蚁忙来忙去一样呢？这是虚无主义的观点。中国社科院著名学者李银河，说自己年轻时就交替陷入虚无主义和存在主义两种情绪，有一段时间，差不多每个月，李银河都会出现一次"生存意义"的危机。后来，在哲学家加缪那里，她找到了答案：正因为人生没有意义，才值得一过，才值得探险、发现和享受。[①] 因此，斯科特包括所有

[①] 于丽丽等：《久病成医李银河》，《南都周刊》2013年第49期。

的探险家，他们所做的一切，都是在向虚无宣战，在抵抗虚无的侵蚀，在"制造"生命的意义。探险、发现和享受，不要问结果是什么，这个过程本身就是有意义的。

第三，第一有多重要？杰出的中国乒乓球运动员王皓退役了，他有一个"终身遗憾"——他得到了所有世界大赛的冠军，却没有得到他最渴望的奥运会男单冠军！他先后两次在奥运会决赛中输给对手，在全世界最高的领奖台上，他得到了仅次于冠军的巨大的荣誉，可是他的脸上分明流露出的是悲伤！《伟大的悲剧》中斯科特一行发现挪威人先到了南极点，这给他们带来巨大的痛苦和打击。教师可以让学生讨论："第一个到达者拥有一切，第二个到达者什么也不是。你认同这一点吗？请说明理由。"在学生当下和未来的生活中，他们经常要面临与他人的比较和竞争，这样的讨论可以帮助学生思考如何看待竞争，如何面对失败，如何追寻真正有意义的生命价值。

❹

歌剧，一直让学生感觉很遥远，所以很少有学生会主动去学习和欣赏它，他们对歌剧的了解也非常有限。但歌剧却是一门将音乐、戏剧、文学、舞蹈、舞台美术融为一体的综合性艺术。引导学生欣赏歌剧、喜爱歌剧，将使学生受益匪浅。

首先，要给学生营造一种剧场气氛，老师穿西装打领结，用充分的舞台表演震撼整个教室，让学生立刻对歌剧肃然起敬。其次，在讲解歌剧时要深入讲解歌剧的剧情、人物形象以及为什么要采用不同的声部分饰不同的人物形象。这些无疑会深深吸引学生。比如《卡门》中，卡门用次女高音来饰演，次女高音音域宽广，音色淳厚，很好地体现了卡门这个吉普赛姑娘既热情奔放，又热爱自由的性格。斗牛士用男中音饰演，男中音音色宽厚，刚劲有力，很好地体现斗牛士结实魁梧、勇猛果敢的人物形象。唐·霍塞选用男高音饰演，因为男高音音色明亮高亢，情感细腻，很适合其人物性格。

歌剧中咏叹调和宣叙调的区分一直是歌剧教学的重点，也是难点。如何让学生有比较扎实的把握，光从视频欣赏和讲解是不够的，一定要使学生能亲耳所听，亲眼所见。咏叹调和宣叙调是歌剧中主人公的独唱唱段，咏叹调旋律优美，表达了主人公细腻的情感，它是歌剧的灵魂。宣叙调则是依语言的自然和强弱而进行旋律化和节奏化，又称"朗诵调"。比如《图兰朵》中男高音咏叹调《今夜无人入睡》，老师可有感情地演唱一段，让学生感受咏叹调的特点以及主人公的情感表达。《费加罗婚礼》中的宣叙调部分男中音唱段《你赢得了诉讼》语言化的演唱，可让学生感受其与说话的差异以及所表达的情绪。这种近距离的投入的演唱更能打动学生。

（湖南师大附中　郑喜）

点评：

如果前面的案例中价值观培养的基调是真与善，这个案例则显示了美的价值观教育。

教师上课时穿西装打领结，以庄重的形式向学生呈现了歌剧的美，这让学生感受到教师有多么喜爱歌剧，正是这种发自内心的喜爱才真正能够感动学生，让学生亲近高雅的歌剧。

朱光潜先生说[①]：

> 世间天才之所以为天才，固然由于具有伟大的创造力，而他的感受力也分外比一般人强烈。比方诗人和美术家，你见不到的东西他能见到，你闻不到的东西他能闻到。麻木不仁的人就不然，你就是请伯牙向他弹琴，他也只联想到棉匠弹棉花。感受也可以说是"领略"，不过领略只是感受的一方面。世界上最快活的人不仅是最活泼的人，也是最能领略的人。所谓领略，就是能在生活中寻出趣味。好比喝茶，渴汉只管满口吞

---

① 《朱光潜全集（第1卷）》，安徽教育出版社1997，第14-15页。

咽，会喝茶的人却一口一口的细噇，能领略其中风味。

能处处领略到趣味的人决不至于岑寂，也决不至于烦闷。朱子有一首诗说："半亩方塘一鉴开，天光云影共徘徊，问渠哪得清如许，为有源头活水来。"这是一种绝美的境界。你姑且闭目一思索，把这幅图画印在脑里，然后假想这半亩方塘便是你自己的心，你看这首诗比拟人生苦乐多么惬当！一般人的生活干燥，只是因为他们的"半亩方塘"中没有天光云影，没有源头活水来，这源头活水便是领略得到的趣味。

以语文、美术和音乐为代表的文科教学，体现美的载体分别是文字、绘画和音符。这些内容的表达有形式美和内容美之分，二者相对独立，但更多的时候紧密结合在一起，即所谓的"形神兼美"。教师在教学时，要像朱光潜说的那样，凸显教学内容中的美，让学生学会"领略"，不仅领略作品的形式之美，还有作品的内涵之美，更重要的，还要把二者关联起来，即让学生体会作者如何通过文字、绘画和音符等形式表达美的内涵。

小　结

笔者亲身经历过两件事：第一，2001年电视直播"911"恐怖袭击时，周围有不少人欢呼："好，干得太漂亮了！"第二，2011年3月11日，日本东北部海域发生9.0级地震并引发海啸，造成重大人员伤亡和财产损失。网上一片欢腾，在某个论坛里一个网友说："这是对日本人的天谴。"笔者反问了一句："如果这次大地震是对日本人的天谴，2008年的汶川大地震呢？"随后笔者遭到这个网友激烈的咒骂。这两件事至今都会让笔者感到非常痛苦，我们的价值观教育真的需要加强、需要改进！

学生在学校学习就像是一只雏鸟获得了飞行的能力，学生不断获得的知识、技能、素质就像逐渐丰满的羽翼，它有多强大决定了这只鸟儿能飞多高、能飞多远，但是，比飞得高、飞得远更重要的问题是——"往哪里飞？"解决这个问题靠的是头脑中的"价值观"，它决定了一个人行动的方向——什么是重要的？什么是正确的？应该追求什么？

教师不仅是经师，更是人师！教师的责任不仅是传播知识，更是要培养一个堂堂正正的人！这也是为什么2001年启动的课程改革明确提出所有学科的"三维目标"——知识技能、过程方法和情感态度价值观的缘由。在教学中向学生传递正确先进的价值观，这是把握教学内容时应重点考虑的一个方面，是每一个学科教师的责任！

价值观教育有三个方向：

第一，底线价值观——求善。"自由和尊严"是所有价值观的核心追求。[①] 自由是人类最大声的呼唤，是人类最热烈的期盼，是人类最执著的追求。不自由，就失去了"自己的"、"独立的"生命，不自由，就会被压抑、被奴役、被蒙蔽，生命就会萎顿。自由和尊严紧紧联系在一起，有自由的人才有尊严，二者是同等重要的人类的基本追求。人本身作为应该被尊重的主体而具有绝对的价值。这绝对价值就是人的尊严，而自由是个体尊严最有力的保障，也是尊严最核心的体现。底线价值观是维护人的自由和尊严最基本、最重要、不可突破的基本原则，这包括诸如人生而平等、尊重生命、反压迫、反恐惧、反匮乏、言论自由、信仰自由等。前述我经历的两件事，反映出来的就是对底线价值观的突破，任何民族和国家矛盾都不是与恐怖分子站在同样立场或在自然灾害面前幸灾乐祸的理由。

第二，理性价值观——求真。知、情、意紧密关联，作为"情意"的价值观要受到认知的制约。学生的价值观是逐步确立的，这个过程需要思考和判断；价值观的确立也是需要材料和经验的，因此还受到个人知识丰富程度的制约。从这个角度看，价值观的确立与批判性思维有密切关系。例如，近期有一个签名活动在微信朋友圈广泛传播并得到了很多人的声援——对于拐卖儿童的人贩子，无论情节轻重，一律死刑。法律专家分析，罪刑适应是立

---

① 赵希斌：《正本清源教语文：文本的内容分析策略》，华东师范大学出版社2014年，第145－150页。

法的基本原则,不论情节轻重均判死刑造成的后果很糟糕。人贩子会想,贩一个也是死,贩多个也是死,不如干一票大的;或者在被追捕无处可逃时,心想反正最后是个死,很有可能杀害儿童。因此,这样的签名和诉求是非常不理性的!再举一例,要对义和团运动形成正确合理的价值判断,就必须了解足够多的有关义和团的原始史料及各方专家对其的分析和评价,在此基础上,我们还要充分调动自己的思维能动性,对这些资料进行概括、抽象、分析、综合、评价,这样才能最终形成我们自己对于义和团的价值判断。

第三,审美价值观——求美。美食的意义不仅果腹,还能让我们获得美感。价值观也是这样,底线价值观保证人类基本的自由和尊严,而审美价值观让我们理解、发现、欣赏、追求世间的美。这个世界,尤其是人类社会,美、丑混杂,美一定是和善、真联系在一起,而丑一定是和恶、假联系在一起的。我们需要美,是因为世界上存在着许多的东西,需要我们去取舍,从中发现、留存、珍藏美的事物。追求真和善的过程所带来的愉悦感、幸福感、成就感就是美的体验,而对美的追求也必然会让我们从中发现、体验真和善。

价值观教育有几个问题需要注意:

第一,不要忽视价值观教育的复杂性与系统性。

当前的很多教学采用了"现象—认识—批评—表态"的价值观传递方式。例如,面对环保问题,让学生体验一下周围的环境问题,或者呈现与环保有关的现象,如乱丢垃圾、空气污染、破坏植被等;然后让学生分析这些现象和做法的危害;进而引导学生对此表示遗憾、痛心并谴责不环保的行为;最后学生们表决心——"保护环境,从我做起"。

这样的教学设计对于环保这个主题来说过于浅表,是表面化的"宣讲—表态"。影响环保的因素有很多,包括人们的素质、文化氛围、风俗习惯、环保知识和意识、经济条件、制度建设、硬件设施等等。学生到了初、高中阶段,他们有能力进行更深入、更富挑战性的学习,教师可依据上述因素设计专题式教学,积累更多的信息资料,提出更有思考价值的问题,让学生充分地了解、审视、分析、整合、反思与环保相关的话题,在认知、情感、意志等多个方面产生触动与转变。

第二，处理好正面宣传与反思批判的关系。

有的教师认为，价值观教育应该弘扬主旋律，歌颂真善美，向学生输送正能量，为此教师就应该运用正面素材，少谈生活中的阴暗面和消极现象，用积极的价值导向帮助学生把握正确方向，正确认识生活，认识社会。那么，该如何处理价值观教育中的正面与负面素材？为了说明这个问题，我们来看一则讽刺苏联《真理报》的笑话：

> 亚历山大、凯撒、拿破仑作为贵宾，参加红场阅兵。
> 我要是有苏联的坦克，我将是战无不胜的！亚历山大说。
> 我要是有苏联的飞机，我将征服全世界！凯撒说。
> 我要是有《真理报》，世界现在也不会知道滑铁卢！拿破仑说。

这个笑话是夸张的，但我们也可以看到，如果有意识地对某些事物进行回避的话，就有可能走向掩盖、粉饰，这样的教学违背了"求真"的基本价值观。

事物本身就有正面与反面，事物发展的根本动力是矛盾，只讲正面不讲反面，只强调矛盾的一个方面而不强调矛盾的另一个方面，这不是好的价值观传递的方式。如果我们在中小学教育阶段屏蔽所谓的"黑暗面"，那么学生到什么时候才可以接触这些负面的东西呢？当他们有一天接触这些负面的东西时会不会不适应呢？会不会感到学校里学习的内容和现实太过脱节而失望呢？这样做没有实现基础教育的初衷——给学生投入未来的生活做好准备。此外，即使教师在课堂上屏蔽消极、负面的内容，学生不是生活在真空中，也不是生活在童话世界里，他们一定会在生活中目睹各种黑暗面，而教学中都对此避而不谈，不能帮助学生解决和面对内心的矛盾与困惑，学生会喜欢这样的学习吗？再则，人类的每一个进步几乎都是在与黑暗、愚昧、残暴、冷漠斗争的过程中获得的。高中课文《我有一个梦想》中有这样几段令人深思和热血沸腾的话：

现在有人问热心民权运动的人，"你们什么时候才能满足？"

只要黑人仍然遭受警察难以形容的野蛮迫害，我们就绝不会满足。只要我们在外奔波而疲乏的身躯不能在公路旁的汽车旅馆和城里的旅馆找到住宿之所，我们就绝不会满足。只要黑人的基本活动范围只是从少数民族聚居的小贫民区转移到大贫民区，我们就绝不会满足。只要密西西比仍然有一个黑人不能参加选举，只要纽约有一个黑人认为他投票无济于事，我们就绝不会满足。不！我们现在并不满足，我们将来也不满足，除非正义和公正犹如江海之波涛，汹涌澎湃，滚滚而来。

我梦想有一天，这个国家会站立起来，真正实现其信条的真谛："我们认为这些真理是不言而喻的，人人生而平等。"我梦想有一天，在佐治亚的红山上，昔日奴隶的儿子将能够和昔日奴隶主的儿子坐在一起，共叙兄弟情谊。我梦想有一天，甚至连密西西比州这个正义匿迹，压迫成风，如同沙漠般的地方，也将变成自由和正义的绿洲。我梦想有一天，我的四个孩子将在一个不是以他们的肤色，而是以他们的品格优劣来评价他们的国度里生活。我今天有一个梦想。我梦想有一天，亚拉巴马州能够有所转变，尽管该州州长现在仍然满口异议，反对联邦法令，但有朝一日，那里的黑人男孩和女孩将能与白人男孩和女孩情同骨肉，携手并进。

如果学生不了解种族歧视的阴暗面，就不会了解争取种族平等的斗争有多么艰难，就不会了解为此付出了怎样的代价，就不会感受其中所展现的勇气，也不会领悟这斗争所获得的荣耀。教学时不回避阴暗面，并不是展示抱怨、不满、愤怒，而是要用建设性的态度分析事物的背景、原因，探讨应对的策略，这才是正能量，有用的能量。

第三，要避免价值观之间的矛盾和冲突。

笔者在不同的学校听过三次高中政治课——《政治生活》中的"国际关系的决定性因素：国家利益"。巧合的是，三位教师都选择了近期的热点事件——亚投行成立，三位教师在课堂上传递的价值观也基本一致：

对于亚投行，美国一直心存戒备，不愿看到中国在亚投行建设上一呼百应，于是携一众盟友抵制打压。这说明国家利益决定国际关系，利益对立是引起冲突的根源。美国财长杰克·卢在国会称"中国以及其他正在崛起的国家在挑战美国在全球金融机构的领导地位"。可是，美国失算了，他的"好兄弟"——英国——于2015年3月12日率先申请加入亚投行。尽管美国言辞锐利地指责英国，却依然没能挡住法德意跟随其后宣布加入亚投行，效仿英国搭上亚投行这辆"超快车"。英国财政大臣乔治·奥斯本说："选择在亚投行创办阶段申请加入该行，将给英国和亚洲的共同投资和成长创造无与伦比的机遇。"

有教师给学生呈现了一幅漫画——"英国与美国渐行渐远"——奥巴马看着英法德等欧洲国家搭上了亚投行的末班车，气急败坏。教师强调，对于英国来说，加入亚投行有利于英国重整旗鼓，推动第三产业的复苏和就业的增长；德法则是瞄上了亚投行背后的大型基础建设项目。最后教师总结，这一切都说明国家利益决定国际关系，维护国家利益是主权国家对外活动的出发点和落脚点。

我们认为，"国家利益"不能解读为"唯利是图"。这样的教学有两个问题：一是将国家利益窄化、表面化为经济利益，二是暗示这种经济利益是决定国际关系最重要的因素。"熙熙皆为利来，攘攘皆为利往"，这一刻多个国家为了经济利益群聚，下一刻也可以为了经济利益而离散，正可谓"以利相交，利尽则散；以势相交，势败则倾；以权相交，权失则弃"（《中说·礼乐篇》）。这样的解释贬低了亚投行成立的意义和价值。

习近平主席2014年7月4日在韩国首尔大学发表了题为《共创中韩合作未来 同襄亚洲振兴繁荣》的演讲，其中有两段话：

> 在国际关系中践行正确义利观。"国不以利为利，以义为利也。"在国际合作中，我们要注重利，更要注重义。中华民族历来主张"君子义以为质"，强调"不义而富且贵，于我如浮云"。去年，朴槿惠总统访华期间，在中韩商务合作论坛演讲时用汉语说"先做朋友，再做生意"，生

动反映了对义利关系的正确认识,深刻诠释了以义为先、先义后利的重要思想观念。

当前,经济全球化、区域一体化快速发展,不同国家和地区结成了你中有我、我中有你、一荣俱荣、一损俱损的关系。这就决定了我们在处理国际关系时必须摒弃过时的零和思维,不能只追求你少我多、损人利己,更不能搞你输我赢、一家通吃。只有义利兼顾才能义利兼得,只有义利平衡才能义利共赢。

教师要让学生意识到,国家利益绝不只是经济利益,负责任、求正义,这是更长远、更核心的国家利益,在这样的国家利益面前,经济利益是第二位的。价值观有多个层次,价值观也有多个方向,有些价值观对另一些价值观具有统摄作用,有些价值观在某种条件下还有可能产生矛盾。《孟子·告子上》中有一段话:

鱼,我所欲也;熊掌,亦我所欲也。二者不可得兼,舍鱼而取熊掌者也。生,亦我所欲也;义,亦我所欲也。二者不可得兼,舍生而取义者也。生亦我所欲,所欲有甚于生者,故不为苟得也;死亦我所恶,所恶有甚于死者,故患有所不辟也。

价值观指引我们在矛盾时做正确选择。因此,价值观的教育要启发学生的思考,促进学生辨析和选择。教师可以有意识地选择、创设存在价值观矛盾与冲突的情境,让学生在这样的情境中思考:如果价值观之间有矛盾,是否其中有些价值观是更上位的,而其他价值观应当服从于它?如果是这样,可能付出的代价是什么,我们怎样看待这样的代价,是否能够承受这样的代价?

第四,价值观教育要与时俱进。

社会在不断地发展和变迁,价值观的核心是对人、对事的评价的标准,也必然要与时俱进。即使对于同样的人和事,随着时代的发展,价值观也会有对错、新旧、高低之分。例如,曾经的价值观教育提倡和赞扬用生命保护公共财产、小学生舍身救人、遇到歹徒要勇敢搏斗等等，而现在我们认识到人的生命是最宝贵的，我们会向学生传递新的价值观。

下面以中国传统文化中的重要价值观——"孝道"为例，分析这个中国传统价值观与时俱进的必要性。

孝道是中国传统文化高度推崇的伦理价值，有所谓"百善孝为先"之说。先秦儒家典籍《论语》中已出现多处宣扬孝道的内容。有人问孔子为什么不从政，孔子引用《尚书》里的话解释说，自己虽然没有从政，但是能用孝悌观念来影响社会政治，也就是参政了（或谓孔子曰："子奚不为政?"子曰："书云：'孝乎惟孝，友于兄弟，施于有政。'是亦为政，奚其为为政?"《论语·为政》）在孔子看来，如果一个人是个孝子，他就不会犯上作乱。因为孝的核心是"敬"，是顺服，是不忤逆（有子曰："其为人也孝弟，而好犯上者，鲜矣；不好犯上，而好作乱者，未之有也。君子务本，本立而道生。孝弟也者，其为仁之本与!"《论语·学而》）最后，孔子明确指出，执政要"务本"——比照父子关系的模式建立君臣关系。孩子顺从父母，臣子顺从君主。由此看来，《论语》中提倡的孝道与稳定君主统治是有关联的（齐景公问政于孔子。孔子对曰："君君，臣臣，父父，子子。"公曰："善哉！信如君不君，臣不臣，父不父，子不子，虽有粟，吾得而食诸?"《论语·颜渊》）总的看来，孔子对孝道的提倡还是从家庭伦理、亲子关系的角度出发，他认为君主与臣民的关系与亲子关系的本质是一样的，其中的"亲民如子"的执政思想是温暖的、有积极意义的。

大约完成于春秋末期、由集体创作而成的《孝经》，在继承孔子、曾子孝论的基础上，第一次论述了"移孝作忠"的思想，把孝提升为政治化的孝伦理。《孝经》力图将儒家的孝道论证为宇宙间的根本法则。"夫孝，天之经也，地之义也，民之行也。"（《孝经·三才章》）"夫孝，德之本也，教之所由生也。"（《孝经·开宗明义章》）"孝悌之至，通于神明，光于四海，无所不通。"（《孝经·感应章》）"始于事亲，中于事君，终于立身"，忠君是至高无上的孝，不忠就是不孝，而不孝则是最大的罪行，"五刑之属三千，而罪莫大于不孝。"(《孝经·五刑章》)《孝经·广扬名章》在儒家思想史上第一次论述了"移孝作忠"的理论:"君子之事亲孝,故忠可移于君;事兄悌,故顺可移于长;居家理,故治可移于官。"孝放大而为忠,忠是孝在政治领域的延伸,《孔安国传》云:"能孝于亲,则必能忠于君矣。求忠臣必于孝子之门也。"①

　　以孝劝忠,以孝治天下,这是统治者宣扬孝道的根本目的。走向政治化的孝伦理深受历代统治者的欢迎,加以大力推崇和宣扬。宣扬、加强孝道的措施包括对不孝者处重刑,给研究《孝经》有成绩者以优厚的俸禄,将《孝经》作为上至太子下至庶民的教材,举孝廉入仕,将《孝经》翻译成其他民族的语言以施教化,皇帝亲自听讲《孝经》并加注,修史时为"孝义"、"孝行"列传等等。

　　被政治化的孝道强调对长辈的尊重和服从,并且泛化到对权威、对政权的无条件服从。要强化这种服从,需要人们在思想上彻底接受"感恩"、"报恩"的教化——即父母对孩子有生养之恩,孝道是"感恩"、"报恩"——这使得服从变得合理化,羊羔跪乳、乌鸦反哺,以自然界的现象说明其"天经地义",这也是孝道宣传中最具迷惑性的成分。

　　元代郭居敬,从历史中选取了二十四个他认为最感动的孝子故事,编成《二十四孝》一书,用于孩童的启蒙教育,后来成为民间流传甚广的宣传孝道的通俗读物。其中不少故事作为价值观的载体非常可怕:"鹿乳奉亲"荒诞虚假,"亲尝汤药"缺乏常识,"卧冰求鲤"、"恣蚊饱血"残忍乖张,"埋儿奉母"恐怖异常,"怀橘遗亲"更像是一个贪心馋嘴的小孩偷东西被捉后公然撒谎。《二十四孝》中的许多父母面目可憎,对晚辈极尽刁难虐待之能事,比如有的冬天要吃活鱼、有的冬天要吃鲜笋、有的每天要喝儿媳的奶。"戏彩娱亲"中的孝子都七十岁了,还要天天穿着花衣裳,装疯卖傻逗老一辈开心,

---

① 张晓松:《"移孝作忠":〈孝经〉思想的继承、发展及影响》,《孔子研究》2006年第6期。

看到年老的儿子跌倒，像婴儿一样啼哭，其父母会开心地哈哈笑。

当年鲁迅在杂文中就曾对《二十四孝》进行过无情的讽刺："请人讲完了二十四个故事之后，才知道'孝'有如此之难，对于先前痴心妄想，想做孝子的计划，完全绝望了！"[①]

综上所述，科学文化求真求实，人文文化求善求美。两者尽管形成的背景、关注的对象以及涵盖的内容有所不同，但在深层的价值取向上，则是互通、互补的。对此，有人把科学、人文社科、艺术比做三棱塔的三个面，当人们站在底部，这三条边之间相距很远，但当人们站在塔的高处时，它们之间的距离就近多了，一旦到达顶端，就会发现这三个方面是融合在一起的。教育的最高价值是对真、善、美和谐统一的追求，真、善、美是教育教学中宝贵而又迷人的线索，希望每一个教师都能在教学中体现真、善、美，从而站上教学的制高点，此时教师和学生一定会看到新气象，体验新境界，达到新高度。

---

① 鲁迅：《二十四孝图》，载《鲁迅全集》第二卷，人民文学出版社1981年，第261页。

通——通联广达

通：指抽象知识与实践经验通联，学科内知识之间通联，学科间知识之间通联。

要解决的问题：如何呈现知识的关联，如何利用知识的关联优化教学效果。

教师可从以下几个方面入手实施并引导学生进行学科知识的通联。

- 将学科内的知识横向通联起来。
- 将学科内的知识纵向通联起来，即呈现学科的发展演化。
- 将学科间的知识通联起来。

❶

我在教人教版八年级《物理》"声现象"这一节时，给学生呈现了诗歌《癸卯岁十二月中作与从弟敬远》："凄凄岁暮风，翳翳经日雪。倾耳无希声，在目皓已洁。"这些诗句描写雪后的安静只是诗人的个人感觉还是真有科学道理？

师："雪后变安静了"，指声音的哪个特征变化了？

生：响度。

师：大家想一想，声音发生的这种变化与什么有关系？

生：因为下雪。

师：下雪前与雪后声音声源变了吗？周围的环境发生了什么变化？

生：声源处发出的声音响度没变，只是大地被雪覆盖。

师：声音被松软的雪吸收了吗？

生：是的。

师：说明噪声在哪个环节中被控制了？

生：在传播过程中减弱。

师：诗歌中对声音的描述有科学道理吗？

生：有。

师：你们在生活中还见过哪些类似雪减弱声音的例子？

生：KTV包厢里的墙壁用凹凸不平、多孔的材料装修，减弱声音的传播。

（湖南师大附中高新实验中学　邓达斌）

＊　＊　＊

生物和化学中许多知识是相通的。如化学和生物都会涉及基本营养物质：糖类、油脂和蛋白质。生物教学中的还原糖与菲林试剂的反应，其基本化学原理就是还原糖中含有醛基，菲林试剂——新制的氢氧化铜悬浊液——具有弱氧化性，与醛基反应，将醛基氧化为羧基，同时氢氧化铜被还原成砖红色的氧化亚铜沉淀。因此，生物教师在教学时，一定要注意关联相关的化学知识。

生物中学习三磷酸腺苷（ATP），老师在介绍ATP是体内组织细胞一切生命活动所需能量的直接来源时，一般都是说高能磷酸键断裂时会释放出大量的能量，而学生在随后学习化学能与键能时，获得的知识却是分子断键时是需要吸收能量的，就会产生认知上的混乱。其实，这个知识仍然是相通的：ATP在人体内水解反应时，断键需要吸收热量，生成其他物质成键（时）则会释放热量，成键放出的热量大于断键所吸收的热量，所以ATP会提供能量，这与化学中键能与化学能的变化关系是一致的。

（湖南师大附中　邓建安）

＊　＊　＊

《安塞腰鼓》中写道："多水的江南是易碎的玻璃，在那儿，打不得这样的腰鼓。"对于这句话的理解，可以适当穿插"安塞腰鼓"诞生地陕北高原的地理、历史知识来介绍。

陕北高原是连接中原农业民族和草原游牧民族的重要通道，自古以来就是边关要地：秦始皇时期防止匈奴内侵、北宋时期抵御西夏人入侵、明朝时期承担北方边境一半以上的防务。"安塞腰鼓"既是古代激励边关将士冲锋杀敌、浴血奋战的号角，也是将士们征战凯旋的欢迎曲。它气势磅礴，它置于死地而后生，它充满激情与力量，它是生命的舞蹈与狂欢……古代战争擂鼓鸣金的场面，永远地消失了，然而，这种于激情和力量中的仪式，却深深地根植于陕北这块古老的土地上。陕北的乡间，腰鼓成为一种娱乐形式，于浪漫中宣泄生命的激情，于诗意中追求永恒的精神力量。

结合以上地理、历史资料，学生便不难理解为何只有这片厚重的土地上才能出现"安塞腰鼓"此等壮阔、豪放、热烈的奇观。

（湖南师大附中广益实验中学　史小华）

点评：

这三个案例均显示了不同学科内容之间的相通。第一个案例中，冷冰冰的物理知识与文学关联起来，显得那么有人情味儿。第二个案例则显示了生物与化学的关联，解决了学生的认知矛盾，而且使学生对两个学科的知识都学得更扎实。第三个案例以地理和历史知识作为素材，对于学生理解文本起到了不可或缺的铺垫作用。

我们经常说"文史哲"不分家。以语文教学为例，对于《庄子》这样的作品，我们可以将其定义为散文，它有着高超的写作技巧，充满了文学的意象化的表达方式；它也是一个思辨性极强的哲学作品，表现了齐物我、同生死、超利害、养身长生的价值追求。李泽厚认为：庄子《内篇》中的思想对后来中国佛教禅宗的产生有关系，今日国外也有学人比庄子于存在主义。同时，它产生于一个百家争鸣的时代，解读它又离不开其历史背景，《庄子》中的那些"洸洋自姿以适己"，似乎远离现实的思想言辞，他那些似乎超时代的纯哲理的人生思辨和处世智慧，又仍然是生长在庄子所属的那个时空环境中和现实土壤上的。① 因此，要想教好《庄子》中的作品，必须从文、史、哲三个方面共同入手对其进行解读和分析。

举一个具体的例子，学者刘绪义在《〈诗经〉心得》中明确指出，《关雎》不是情歌，《诗经》中的《国风》是"国教"也不是民歌。对此他是这样论证的②：

> 《关雎》，风之始也。什么是"风"呢？《毛诗序》是这么解释的："风，风也，教也。风以动之，教以化之。"《关雎》前的大序说："《关雎》，后妃之德也，风之始也，所以风天下而正夫妇也。故用之乡人焉，用之邦国焉。"说明文王之行风化，自后妃之美德始。"风"就是风化、教化之意。到了后来，关于"风"的解释就开始发生质变。变化之一就是朱熹提出的"风"是民歌说；变化之二就是"诗缘情"说的文学观念突起；变化之三就是后世的革命家对劳动大众的情感迁移。风，也就成了风俗，《国风》中的诗歌变成了民歌。

那么，《关雎》到底是一首什么样的诗呢？

毫无疑问，《关雎》抒发的主要是一种"志"，就是君子对淑女志在必得的感觉，扩而大之就是君侯对贤人的渴求。孔子说："《关雎》乐而不淫，哀而不伤。"这长期以来被视作孔圣人赋予此诗一种道德规范。这也是错读圣意。倘若真的仅仅是什么君子追求淑女的爱情赞歌，何以哀而不伤？其所以有哀，乃君子之志可哀也。君子之志为何？就在于对美好品德和教化天下的追求。

值得格外指出的就是，《诗经》时代的"君子"绝不是什么女子对男子的通称。"君子"一词常见于《尚书》，是对贵族的通称。《诗经》中的"君子"显然是与平头百姓相对的，如"百尔君子，不知德行。不忮不求，何用

---

① 李泽厚：《漫述庄禅》，《中国社会科学》1985年第1期。
② 刘绪义：《〈诗经〉心得》，东方出版社2007年，第3-4页。

不臧。""彼君子兮，不素餐兮！"同样，《诗经》所歌之美人与淑女是有区别的，美人侧重于她的外在描写，而淑女则往往与君子对举。此外，《关雎》中出现的"琴瑟"、"钟鼓"恐怕也不是一般平民百姓所能拥有的娱乐工具，怎能说《关雎》是民间的音乐呢？

由此可见，没有丰厚的历史知识，不可能对这三千年前的作品进行高水平的解读。对此刘绪义指出：

> 读三千年前的《诗经》，更应当把它当史来读。《诗经》虽不是历史，然而，正如扬之水先生所说的，在五百年间的行吟歌唱之中，它"包含了思想史、社会史、风俗史中最切近人生的一面"。诗思中蕴藉着的人生伦理、信仰道德、价值观念乃至思维方式、情感意志，都是思想史、社会史和风俗史中精纯的一章。

因此，"文、史、哲不分家"，这是学科间知识通联的必然要求。同样，理科各学科之间也存在着关联。在2001年启动的课程改革推出了整合的"科学"课程，将物理、化学与生物等课程整合在一起。美国初中理科教材《运动、力与能量》中有一段科学家的话[①]：

> 如果触摸一下蝴蝶，你的指头会沾上一种粉末。小时候，我经常抓蝴蝶玩，但那时并不知道那粉末是什么东西。如果把粉末切开，你会发现其中有许多薄层，这些薄层就相当于小型的太阳能集热板。通过调整翅膀上的这些薄层对准太阳的角度，蝴蝶能够改变摄入热量的多少，从而使整个翅膀受热均匀。我们想从蝴蝶翅膀上这些薄层的摄热现象中找到制造导热均匀的计算机芯片的方法。

这说明理科教学中的诸多内容往往存在着关联。我在一所高中听课时，化学教师提到了"活性蛋白质"这个概念，我当时自然产生了一个问题："什么是活性？""什么样的蛋白质有活性呢？"下课的时候我向化学教师提出了这

---

① 《运动、力与能量》，浙江教育出版社2010年，第12页。

个问题，她回答不上来，对我说这是生物课程的内容，可能问生物教师更合适。在此我绝对无意批评这位教师，知识的海洋浩瀚无边，教师有不了解的知识很正常。但是从另一个角度看，如果教师能够知道这个相关的知识不是更好吗？以某种生物现象为基础讲解化学概念，不是更有助于学生理解这个知识点吗？

当前的社会越来越需要复合型的人才，一个人不仅要多才多艺，而且这些才艺相互协调促进，才能应对社会的挑战。越来越多的工作需要多领域的合作，学生在中小学要学这么多门课，一个重要的目标应该是让学科之间的知识融合、碰撞、摩擦、生成，而不是每个学科为考试总分提供自己的分数。因此，不同学科之间的通联不仅在教学的当下对学生理解所学知识有重要价值，而且从长远来看对学生的可持续发展也有重要意义。

牛顿的万有引力公式 $F=G\dfrac{Mm}{r^2}$，适用范围是两个质点间的万有引力，但我们可推出其对于密度分布均匀的球壳也适用，同样，对于密度分布均匀的球体之间也是适用的，因为球体可看作是无数个球壳叠加而成的，我们可进一步用微元法推出，密度分布均匀的球壳内放入一质量为 m 的质点，质点受力为 0。对于电学中的库仑定律，真空中两个静止的点电荷之间的相互作用力 $F=K\dfrac{Qq}{r^2}$，这两者是相通的，如对于电荷分布均匀的带电球壳适用，对于电荷分布均匀的带电球体之间也是适用的，电荷分布均匀的带电球壳内放入一点电荷，电荷受力为 0。两者在用"补偿法"求解相关问题也是相通的。通过知识点的相通性，学生在学习库仑定律时要轻松很多，且提高了他们的学习兴趣，使他们的知识体系更系统。

（湖南师大附中　周启勇）

点评：

这个案例显示了学科内知识之间的相通。

周老师的这个案例对于改变当前应试的教学模式非常重要。当教师将两个看似不相关的知识点联系起来的时候，需要对它们相通的本质有非常深刻的理解，这体现了教师对学科知识精深的把握，是教师专业素养的体现。这样的通联对学生来说也是一个很好的示范，鼓励学生对知识进行"解构"和"重构"，打破形式的束缚探寻本质的关联和统一，这不就意味着对知识更深入的理解吗？

周老师的这个案例体现了不同知识之间的本质的、抽象层面的关联。没有意义的知识只能死记硬背，这些知识点有了意义也意味着学生"消化"、理解了这些知识，被理解的知识才能真正进入学生已有的认知结构，才能与已有的知识形成关联。做一道菜需要多种原料，每一种原料如果生吃会难以下咽，但如果用一定的方法、过程将这些原料整合在一起，就能成为一道美味，而其中的每一种原料在这道美味中都有了独特的意义和价值。因此，教师讲课要像讲故事、做菜一样，把诸多的知识点解构、重构、赋予意义并关联起来。

在教"用字母代替数"时，我向学生详细呈现了人们探索的历程。

在历史上，数量与数量之间的关系，我们人类最初是用文字表达的，用文字来表达显然比较麻烦，因此，古希腊数学家丢番图想到了用"缩写"的方法来表示，依照丢番图的方法，如"苹果的个数×3"取"苹"发音的第一个字母表示成"P×3"，那么"梨子的个数×3"又怎样用缩写的方法来表示？（学生回答"L×3"）

丢番图用字母的缩写来表示数量间的关系，虽然简洁了，但每个字母都表示特定的意思，不能把"P×3"和"L×3"混同起来，所以并没有给数学研究带来更多的简便，到了16世纪，法国伟大的数学家韦达想，如果把各种情境中字母表示的特定意思都去掉的话，不都是一个数和3相乘吗？所以，韦达就将其表示成为a×3，这里的a还指代特定的事物吗？

字母a已经不表示任何具体的意义，只是一个符号而已，自从韦达把字母当作符号来表示数之后，许多数学难题得到了解决，数学获得了飞速发展，韦达因此被称为现代数学之父，中国古代数学曾经的辉煌从此不再。

我问了学生两个问题：

问题1：什么是代数学？说说你的理解？

问题2：故事的最后，老师想请大家猜一猜，从丢番图用缩写的方法表示数到韦达把字母当作符号来表示数，用了多少年？

估计学生会猜100年，200年……（答案是1200年！学生听到这个答案非常惊讶。）

要是有人说x年就更好了。这个故事启迪智慧，让学生在用字母表示数的数学史的浸润中，进一步提升符号意识、代数化意识。

（湖南师大附中高新实验中学　游瀛）

 点评：

前面的案例显示了知识之间的横向通联，游老师的这个案例则显示了知识的纵向关联。

人类的知识从无到有、从少到多，是一个"生长"的过程，从这个角度来看，知识是"活"的，是有"生命"的，每一个知识，都有它的"过往"、"今生"和"来世"——它有产生的原因和基础、有发展的过程和积淀，有未来的方向和模式。

人教版高中《数学》"主编寄语"中有一段话写得非常好①：

---

① 《普通高中课程标准实验教科书：数学1必修》，人民教育出版社2004年。

在这套教科书中出现的数学内容，是在人类长期的实践中经过千锤百炼的数学精华和基础，其中的数学概念、数学方法与数学思想的起源与发展都是自然的。如果有人感到某个概念不自然，是强加于人的，那么只要想一下它的背景，它的形成过程，它的应用，以及它与其他概念的联系，你就会发现它实际上是水到渠成、浑然天成的产物，不仅合情合理，甚至很有人情味。

在这段话中，出现了"背景"、"形成过程"、"应用"、"与其他概念的联系"等词汇，这说明任何一个知识点都不是孤立存在的，都与周边的其他知识有着横向或纵向的关联。

游老师这么教代数，就让学生真正理解了代数发展的历史，而且是不是很有"人情味"呢？是不是有水到渠成和合情合理的感觉？这一切娓娓道来，数学不再是枯燥的公式和计算，而是一段历史，一个故事。

这个案例不只是一个有趣的故事，其中有很多内容值得深思，蕴含了很重要的数学思想，教师可依据这个案例进一步与学生分析讨论：

- 为什么韦达用字母表示数成为现代数学的开端，现代数学的核心标志是什么，中国古代数学为何辉煌不再，中国古代数学的核心特征是什么？
- 为什么从丢番图用缩写的方法表示数到韦达把字母当作符号来表示数用了1200年的时间，这种数学思维的跨越为何这么艰难？
- 与用字母表示数相似的数学思维过程是什么？

这些问题让学生逼近数学思维与数学思想，让学生更清楚地看到数学与现实世界的紧密关联。

2011年数学课标做了修订，把传统的"双基"扩充为"四基"，即在基础知识和基本技能的基础上加上了基本思想和基本活动经验，而这样的通联和思考恰恰反映了数学思想和数学经验的植入。

❹

"一五计划"——社会主义工业化建设的起步，这是高三政治必修2《经济建设的发展和曲折》中的重点内容。在教授这部分内容时，为了激发学生兴趣，拓展知识面，建立起学科知识体系，我设计了"档案解密"之"156工程"来突破本节重难点——社会主义工业化起步建设的特点和意义。

156项工程是20世纪50年代苏联援助中国项目的数目，也成为这批工程项目的简称，最后施工的为150项，其中军工企业44个，民用工业企业106个，在各省分布如下表所示：

	辽宁	吉林	黑龙江	河北	内蒙古	北京	河南	山西	陕西	甘肃	新疆	安徽	湖北	湖南	江西	四川	云南
冶金	5	2	3	1			1			1			1	1		3	1
化工			3					2	2								
机械	4	1	8				3			4	2		1	1			
能源	13	3	9	3	2	1	5		4	3	2	1	1	1		2	1
轻工			1														
医药				1				1									

——摘编自《苏联援华156工程》

用多媒体给学生展示两幅地图：

图1：民族工业短暂春天的工业分布示意图（略）

图2：标注了各省分布的民用工业工程项目数量以及行业的新中国地图（略）

对学生提出了"解密"的要求：综合分析一表两图说明"一五计划"核心项目"156工程"所反映的新中国成立初期工业化有何突出特点并分析其原因。

回答这样的问题需要学生回顾近代历史，了解近代民族工业的特点，联系地理知识了解如何解读工业分布图。这既要求学生注重学科内的知识联系，又要拓展延伸学科之间的联通。举例来说，工业建设主要集中在东北和工业相对落后的中西部地区，分析形成这种分布的原因：要联系必修1第七单元《现代中国的对外关系》中新中国成立初期的外交特点，第八单元《当今世界政治格局的多极化趋势》中冷战格局，必修2第七单元《苏联的社会主义建设》中斯大林模式的建立,以及中国地理中东北地区的地理知识。

(湖南师大附中 李勇)

点评:

这是一个综合性的案例,既有学科内也有学科间知识的通联,而这些通联又被置于具体的实践情境中。教师给学生提供了有价值的素材,这既调动了学生的好奇心,成为学生进行知识整合的动力,也为学生进行知识整合提供了基础和线索,驱动学生关联学科内外多种知识对问题进行分析。

李老师的教学给予学生真实的素材,让学生进行对比、分析、整合,这对学生的学习促进非常大。这种作用不仅体现在有助于优化当下的教学效果,而且这种思考和学习方式具有很强的实用性,学生在未来的学习和工作中经常会面临相似的情境和任务——收集信息、整合信息、分析评价。因此,这样的教学非常值得鼓励和提倡。

小　结

如果把一个知识点比作一朵花,我们可以从以下三个角度去审视它:

(1) 本体视角。这朵花长在枝上,枝上还有叶,所有的枝都由树干生发,而树干下有根深植于土壤之中。所以,知识点不是孤立存在的,它是一个有生命的有机体的一部分,这显示了学科内若干知识的关联。

(2) 系统视角。从一个更大的范围来看,开放着艳丽花朵的植物生长在密林中,其中还有不同种类的植物,有小溪,有各种动物,而这株植物及整片密林的生长状况还受到当地气候的影响。这就好像多个学科之间的知识是有关联的,就像数学与生物的关联,语文与历史的关联。教师要帮助学生从系统的角度去看待这些知识的存在及其相互作用。

(3) 生长视角。从动态的角度来看,这朵美丽的花从一个种子开始萌发,它孕育在这粒种子里，经历了一个漫长的过程才成熟绽放，而且在它生长发育的过程中还会受到诸多条件的影响和限制。因此，教师要帮助学生看到所学知识的"过去"、"现在"和"未来"，了解知识发展演化的线索和内在逻辑。

笔者曾经和高中学生有过这样一段讨论，显示了如何从三个视角解读知识：

我：买鸡蛋为什么挑大的？

学生：大的划算。

我：为什么大的划算？

学生：大的能吃的东西多啊。

我：可是大鸡蛋比小鸡蛋（扔掉的）的皮也多啊。

（此时学生在犹豫，有其他学生小声说"比例"）

我：鸡蛋里能吃的东西是体积吧，体积是几维的？

学生：三维。

我：那么如果把鸡蛋看作近似球体，它能吃的部分（体积）和半径是几次方的关系？

学生：三次方。

（我板书：$V = \frac{4}{3}\pi R^3$）

我：鸡蛋的外壳（表面积）和半径是几次方的关系？

学生：二次方。

（我板书：$S = 4\pi R^2$）

我：大家能发现什么规律？

此时有很多学生理解了，随着鸡蛋增大（半径增加），体积和面积都在增加，但是体积增加得比面积更快。

我：能不能用图形把面积和体积随半径增加而增加的状况画出来？

（学生将抛物线形式的两条线画在同一个坐标系中，体积的变化曲线

比面积的变化曲线更加陡峭)

我：你们还记得生物课中所学的细胞体积大小受到哪三个因素的影响吗？

学生开始回忆，有学生提到细胞面积和体积的关系。

我：是的，其中一个因素就是细胞表面积与体积的关系。随着细胞增大，其体积的增加比表面积（细胞膜）的增加更快，细胞膜负责细胞内外物质的交换，当细胞大到一定程度，内外物质的交换就会超过细胞膜的负荷，所以细胞的体积不能太大。

学生们点头表示同意，还有的做出恍然大悟的表情。

我：现在回到我们的数学分析。

（我在黑板上画了两条过原点的表现正比例函数的直线，一条直线比另一条直线更加陡峭）

我：这是不是也表现了两个函数的因变量随自变量变化的快慢不一样？

学生：是的。

我：还记得我们如何表达这种一次函数因变量随自变量变化的快慢吗？

学生：用斜率。

我：对，斜率，表现了两条直线"翘起来"的角度不一样。那么，刚才你们画的两条曲线，如何表达它们的因变量随自变量变化的快慢呢？

学生沉思。我在X轴上选取一点作垂线与这两条曲线相交，分别在交点做该曲线的切线。

我：能看出这两条切线有什么关系吗？

学生：两条切线的斜率不一样。

我：那么，这两条切线的斜率意味着什么呢？和两个函数的因变量随自变量变化的快慢有什么关系呢？

……

这样的互动与教学就体现了知识的多重、多向通联。数学知识首先和生活经验关联起来，进而与生物知识关联起来。数学知识内也存在关联：函数与空间图形的关联，一次函数的斜率与二次、三次函数因变量随自变量变化的快慢的关联。这些关联既有纵向的，也有横向的，正是在这样的关联中，学生的知识变得扎实、稳固、清晰，形成了知识的立体结构。

我们再看一个语文教学中的关联。

《清平乐·村居》是辛弃疾的作品。关于这首词，教参的解读是"作者通过对农村清新秀丽、朴素恬静的环境描写以及对翁媪和三个儿子形象的刻画，抒发了对乡村田园生活的热爱和向往之情"。可是苏州大学的陈国安博士却认为，这首诗表达的却是"甜甜的忧伤"。[①] 这么解读有道理吗？

我们先来看看这首词的写作背景和辛弃疾这个人。

辛弃疾出生时北方就已沦陷于金人之手，他的祖父一直希望能够拿起武器和金人决一死战，这使他在青少年时代就立下了恢复中原、报国雪耻的志向。1161年，21岁的辛弃疾召集2000人，参加由耿京领导的一支声势浩大的起义军，并担任掌书记。1162年，他率领五十多人袭击几万人的敌营，擒拿叛徒张安国并交给南宋朝廷处决。辛弃疾的勇敢和果断使他名重一时，宋高宗任命他为江阴签判，这时他才25岁。辛弃疾在南宋任职的前期，曾写了不少有关抗金北伐的建议，但已经不愿意再打仗的朝廷反应冷淡。1180年春，41岁的辛弃疾再次任隆兴（南昌）知府兼江西安抚使时，开工兴建带湖新居和庄园，取名为"稼轩"，并以此自号"稼轩居士"。1181年冬，由于受弹劾，官职被罢，辛弃疾回到上饶闲居。此后20年间，他除了有两年一度出任福建提点刑狱和福建安抚使外，大部分时间都在乡闲居。1203年，已64岁的辛弃疾被任为绍兴知府兼浙东安抚使，1205年，辛弃疾任镇江知府，年迈的辛弃疾精神为之一振。但他很快又一次受到了沉重打击，在一些谏官的攻击

---

① 陈国安：《语文的回归：一个大学老师的小学课堂》，华东师范大学出版社2014年，第66－67页。

下被迫离职。1207年秋，68岁的辛弃疾身染重病，但朝廷再次起用他，任他为枢密都承旨，令他速到临安（杭州）赴任。诏令到铅山，辛弃疾已病重卧床不起，只得上奏请辞。开禧三年秋天，辛弃疾带着忧愤的心情和爱国之心离开人世，享年68岁。

陈国安博士将《清平乐·村居》与辛弃疾其他的诗词关联起来（引用时有删节）：

《清平乐·村居》作于辛弃疾闲居带湖期间，就在这个时候（1188年），他还写了《破阵子·为陈同甫赋壮词以寄之》，其中两句是"醉里挑灯看剑，梦回吹角连营"，辛弃疾在赋闲的同时还在梦回沙场！词人果真是最喜欢那个无所事事的卧剥莲蓬的孩子吗？不是的！孩子在词人醉眼中激发起怎样的感触呢？此时的词人不就像这位无所事事的孩子吗？可词人正值壮年，却不能为国尽忠，只能被迫像小儿这样无所事事，心中的忧伤从"甜甜"的孩子的身影中溢了出来。最令词人恐慌、担忧的恐怕是这样的日子会一直下去，最终也像这对翁媪一样终老于林中吧。虽然这样的结局对很多人来说是一种"甜甜"的人生落幕，而对壮志未酬的词人来说，何尝不是一种无奈的忧伤呢？被迫隐居对一位仍然想为国尽忠、冲锋杀敌、收复失地的词人来说，无疑是无比痛楚和苦闷的了。

辛弃疾六百多首词中有一百四十八处用"醉"字，"醉里"有十六处，如"醉里挑灯看剑"、"醉里且贪欢笑"、"醉里重揩西望眼"、"醉里谤花花莫恨"等等。这些醉，绝大多数都是伤心忧愁时的醉。《清平乐·村居》中，也是"醉里吴音相媚好"，这醉，掩盖了词人的忧伤，也凸显了他的忧伤。也只有醉了的时候，词人才能体会、才能写出田园中的宁静；这醉，让他逃到了一个安宁处，也正是这一逃，让我们看到了他忧伤的背影。

如果用吴地的方言（当年翁媪的家乡话）——现在的苏州话——或者是南昌话、上饶话等其他方言读一读，那种声音无论如何无法和高兴、快乐联系起来，那种淡淡的忧伤的声韵在吴地方言中会有着更为丰满而直接的表现，那种甜甜的、淡淡的忧伤便会由唇而出，直勾人心魄。

因此，将这首诗解读为"甜甜的忧伤"完全是有道理的，而这样解读同样需要以《清平乐·村居》为节点，进行多重多向的知识关联与扩展，包括作者的生平、个性、经历、作品风格、多组作品对比分析等等。

总之，知识之间一定是有关联的，我们希望教师所教的内容是"活"的，这就要求教师要系统地、动态地分析和呈现所教的学科知识，不仅要呈现知识本身，还要呈现相关知识、知识背景以及知识的发展演化。

第二辑　把握教学形式

第一部分——把握教学内容——决定了教学的内核，即期望通过教学使学生能有收获与成长。这一部分——把握教学形式——则探讨通过怎样的教学形式实现教学期望，达成教学目标。

有些教师对学科教学内容的理解是相当深刻和高水平的，但他不一定是一个好的教学者，这就类似一个数学家不一定是一个好的数学教师一样。最简单的例子就是，一个学问很好的老师如果语言表达能力差、不擅长与学生互动，这样的教学一定很糟糕。

总的看来，教师把握教学形式可从以下五个方面入手。

引——引生入"胜"

问——好问题驱动教学

比——打比方、举例子、做比较

动——让学生动起来

趣——乐趣、兴趣、情趣

教学形式体现了教师的教学策略，即为了达到教学目标而有意识地运用某些教学方法。教师把握恰当的教学形式要朝向两个目标：第一，更好地实现第一辑中的内容，如为了实现"学以致用"，用打比方、举例子、做比较的方式呈现一个真实的情境，或者将抽象知识与感性经验关联起来。第二，调动学生的学习积极性，如通过好的问题诱发学生的认知矛盾，激发学生的探究欲望，调动学生的学习能量，让学生在解决问题的过程中高效学习。

引——引生入"胜"

引：指教学过程中的引入环节（狭义的理解）；教学过程中对学生的引导（广义的理解）。

要解决的问题：用什么方法、什么素材调动学生学习的好奇心和注意力，引导学生更高效地理解学习重点，攻克学习难点。

教师可从以下几个方面入手实施教学引入。

（1）引发学生的认知矛盾。

（2）朝向学生认知的薄弱处。

（3）呈现让学生感到有趣的内容。

（4）给学生做示范。

（5）将学习目标置于有趣的情境中。

（6）呈现与学习目标相关的素材。

❶

在讲人教版《历史》（八年级下）《外交事业的发展》时，我给学生呈现了1971年7月15日北京和华盛顿同时发表的一则公告：

> 周恩来总理和尼克松总统的国家安全事务助理基辛格博士，于1971年7月9日至11日在北京进行了会谈。获悉尼克松总统曾表示过希望访问中华人民共和国，周恩来总理代表中华人民共和国政府邀请尼克松总理于1972年5月以前的适当时间访问中国，尼克松总统愉快地接受了这一邀请。

这篇不到两百字的公告一发表，就震惊了整个世界。正如美国总统尼克松所说："宣读公告只花了三分钟，但是成为本世纪最出人意料的外交新闻之一。"

一篇短短的新闻为什么如此出人意料？为什么会引起世界的关注？而美国这个时候愿意访问中国的背后原因又是什么呢？

（湖南师大附中高新实验中学　张波男）

点评：

公报看起来波澜不惊，轻描淡写，但尼克松却认为其访华这一新闻是"本世纪最出人意料的外交新闻之一"——二者形成巨大反差，这将充分引起学生的好奇心和注意力，指向尼克松访华及中美建交这一重大历史事件的学习。

在引入的环节，教师还可以给学生提供更多的史实作为素材，如尼克松在《尼克松回忆录》中写道："当我走到扶梯最后一节，迈步向他走去时，特意伸出手去。我们双手一接触，一个时代结束，另一个时代开始了。"结束的是什么时代？开始的又是什么时代？这对于中国和美国的意义是什么？对于世界的意义又是什么？这是多么有力量的语言，多么好的课堂导入的材料！乔治·桑特尔在《尼克松传》中写道："在他们离开机场时，周恩来对尼克松说：'你的手伸过世界最辽阔的海洋来和我握手——25年没有交往了呵。'"这可在本节课或这个知识点的学习结束时呈现给学生，从而呼应课程开始时的导入。这样的历史教学有情有义、有血有肉！

人教版九年级《物理》"电功率"的教学中，学生容易将实际功率与额定功率搞混，总认为额定功率大的灯泡一定更亮，这实际上是没有弄清楚灯泡的亮和暗（实际功率）是由什么决定的。为此我设计了下面的学习导入。

课前准备"220V，100W""220V，60W"灯泡各一只，在接线板的一面安装两个灯座，背面安装两个开关，并能通过开关的闭合与断开实现两灯串联和并联的两种电路（先不让学生知晓电路的连接方式）。把电路接入220V的家庭照明电路中，首先闭合开关让两灯串联，让学生观察灯泡的亮度。

师：你能判断哪个是"220V，100W"的灯泡吗？

生：能，亮的那一个就是"220V，100W"（学生的判断如预期一样出错）

师：说说你的依据。

生：因为"220V，100W"的灯泡功率大，应该更亮。

（让学生自己查看一下更亮的那个灯泡的铭牌）

生：啊！怎么是"220V，60W"的？！

师：告诉我你看到的和你判断的一样吗？为什么？

生：不一样，额定功率小的更亮，这是怎么回事？

（师翻转电线板的背面，让学生观察电路的连接情况）

生：哦，原来是串联，等一等，我计算一下。"220V 60W"的灯电阻大，分的电压多，实际功率大。

师：比较灯泡的亮度，是由额定功率还是由实际功率决定的？

生：实际功率。

师：走廊里的路灯由"220V，100W"、"220V，25W"两个灯泡串联，我们会看到哪一盏灯泡更亮？

生："220V，25W"的灯泡，它的实际功率大。

师：如果两灯并联接在家庭照明电路上，哪个灯要亮一些？

生："220V，100W"。

师：很好，大家分析得非常好！

（湖南师大附中高新实验中学　邓达斌）

 点评：

这是一个非常好的案例。

教师根据教学经验准确判断学生的认知弱点和学习难点，以实证的方法巧妙地让学生暴露这一弱点，迅速、强烈地引发学生的认知矛盾，为后续的学习和探究奠定了基础。

学生通过观察电路板，已经知道并总结出串联和并联两种不同的方式是造成灯泡实际功率不同的原因。在此基础上，教师引导学生进行数学层面的推导：串联时两个灯泡的电流相等，应用 $P = I^2R$ 计算灯泡的实际功率；并联时两个灯泡的电压相等，应用 $P = U^2/R$ 计算灯泡的实际功率。案例中呈现的物理现象及其引发的认知矛盾，使后续的理论学习变得水到渠成，而且学生会学得非常扎实。

❸

在新授"概率"一课时，我首先让同学们把自己的生日写在一张小纸片上，然后把小纸片都折起来放到讲台上。这时我拿出一张10元的钞票跟学生打赌。

我说："我赌你们中间至少有两个人同月同日生。"

学生认为50个人中有人同月同日生的几率太小了，于是就有好几个学生拿出10元钱跟我打赌。

我打开纸，读出上面的日期，只读了几张，就出现了两个相同的生日！打赌的同学嘟囔："怎么会这么巧？"

我跟学生说，这就是概率。在后面的教学中，我利用反证法，向学生证明50个人没有两个人同一天生日的概率非常之小。

把365天看做是365个房间，现在要给50个人按照生日安排房间，要保证没有两个人住同一房间（也就是没有两个人同一天生日），对于第一个人来说，他有100%（365/365）的机会选到空房间，第二个人选到空房间的机会是0.997（364/365，因为已经有一个房间住了人，只能选另外364间），接下来第3个人选到空房间的机会是0.995（363/365）……最后一个人（第50个人）选到空房间的机会是 0.866（316/365）。这样的话 50 个人同时选房间，恰好全都选到空房间的机会就是 $1 \times 0.997 \times 0.995 \times \cdots \times 0.886 = 0.03$。这意味着 50 个人不在同一房间（同一天生日）的概率只有 3%，而至少有两个人选到同一个房间的概率有 97%，因此我赢的把握非常大！

最后，我对和我赌 10 元钱的几个学生说，我赢你们的钱还给你们，要是感兴趣的话，可以买本概率统计的书看看。

（湖南师大附中高新实验中学　游瀛）

 点评：

游老师的这个引入吸引了我们的注意力，引发了我们的好奇心。如果看了游老师的讲解后还有疑惑甚至反对意见，这恰恰说明这样的引入是有效的，这将成为学生学习概率知识切实的驱动力。

一般说来，传统概率学习的引入是让学生观察（操作）抛硬币，抛的次数足够多，落地时正面和反面的比例就会趋近于 1∶1。这样的引入所需时间较长，学生要重复单调的动作，还要记录和计算，而且似乎答案是明显的，学生只是在通过实验验证一个既定的答案，这可能会让学生丧失兴趣。游老师的这个引入，妙在它与学生的经验和兴趣点非常贴近，教师提出和学生"打赌"，而且要打一个在学生看来不可能赢的赌，这极大地挑起了学生的好奇心。教师不一会儿就赢了，这立即引发了学生的认知矛盾，为学生后续的学习提供了支点。

类似的，学习"等比数列的求和公式"前，教师可这样引入：

教师问学生："A 方案：我愿意在一个月内每天给你 1 万元钱；B 方案：在一个月内，第一天给你 1 分钱，第二天 2 分钱，第三天 4 分钱……后一天给的钱是前一天的 2 倍。你选择哪个方案？"此问题必将引起学生极大的兴趣，凭直觉很多学生一定认为 A 方案更划算。老师此时可以告诉学生，选择 B 方案得到的钱将是 1 千多万元！我想此时学生最想知道的就是"怎么会有这么多"，相应的，学生肯定也会渴望知道"这是怎么算出来的"。这样的引入不就为后续的学习做了很好的铺垫吗？这与游老师的引入有异曲同工之妙，其关键就是在诱导学生认知矛盾的基础上激发学生的学习兴趣。

等比数列求和的知识学完之后，教师可向学生介绍一道数学古题。相传古印度人西塔因为发明了国际象棋而使国王很开心，国王决定奖赏他。西塔说："请您在我发明的棋盘上放些麦粒吧。我只要您在第一格放1颗，在第二格放2颗，在第三格放4颗，以后每格的麦粒是它前一格的两倍，放满六十四个格子就行了。"国王听后不禁笑言："行！不就是些麦粒吗？来人！为智者西塔颁奖！"计数麦粒的工作开始了，还没有到第二十格，一袋麦子已经空了。一袋又一袋的麦子被扛到国王面前来，国王很快就看出即便拿出全国的粮食，也兑现不了他对西塔的诺言，因为所需麦粒总数为18446744073709551615。这些麦子究竟有多少？打个比方，如果造一个仓库来放这些麦子，仓库高4米、宽10米，那么仓库的长度就等于地球到太阳的距离的两倍！这道古题反映的仍然是等比数列求和的问题，在教学的最后呈现这样的例子，与教学开始的引入"遥相呼应"，可以让学生充分体验数学文化的悠远、绵长及余音绕梁般的韵味！

❹

梳理探究类教学中的每个课题都是一门学问，这样的课要上出广度和深度，需要收集大量的课外资料。

在上人教版高中《语文》(必修2)《姓氏源流》这一课时，各个学习小组都觉得这部分内容庞杂，收集资料无从下手。于是，为了激发他们的兴趣与积极性，我先将需收集的资料分成"姓氏由来"、"姓氏图腾"、"姓氏关系"、"姓氏郡望"、"大姓形成的原因"等类别，利用半节课把我准备的内容展现出来，以此作为教学引入，激发学生的兴趣，引导学生掌握探究的方法。

我在黑板上板书"东郭先生"。

我问:"同学们知道'东郭'这个姓氏是怎么产生的吗?"

同学们摇头。

我接着说:"郭,指古代外城城墙。春秋时,齐桓公有子孙住在都城临淄外城的东门一带,称为东郭大夫。其后代子孙遂以居住地命姓,称东郭氏。"

学生愕然,接着都笑了:"住哪儿就姓啥?""这么简单啊!"

我说:"是呀,你们还可以大胆地推测一下,还有哪些姓可能是由居住地名称来的?"

学生七嘴八舌:"西门","池","欧阳"……教室里顿时热闹起来。

我说:"很有可能。那么哪个组愿意去搜集这方面资料进行探究?"

好多个组的组长举起了手。任务很快分配下去了。

我又在黑板上画了一个类似乌龟的图案。

"一只乌龟!"学生们都诧异地望着我。

我说:"这是一个图腾,是一个姓氏的图腾,你们知道你哪个姓吗?"

学生们又叽叽喳喳起来:"王""共"……

我说:"是'黄'。"并在黑板上板书。

班上共有十来个黄姓同学,大家都惊得目瞪口呆。随后班里一下子沸腾起来,有人低声嘀咕:"原来姓黄的是龟子孙……"同学们哈哈大笑。黄姓同学有点难堪起来。

我说:"同学们不要笑,这不是乌龟,这个图叫'玄武',是龟、蛇两种动物的结合体。在传说中,鲧是灵龟的化身,是黄、赵、江等姓的共同祖先。所以这也是赵姓、江姓同学祖先的图腾。"

教室里很安静,同学们听得津津有味,黄姓同学们尤其目光炯炯。

我说:"我们是炎黄子孙,是我们的祖先遥远的血脉传承,每个姓都代表着一页厚重的历史,每个姓都负载着一脉深沉的文化,同学们可以尝试着找到自己姓氏的图腾,它可能就昭示着你姓氏的起源。现在有哪些组愿意承担这块资料的收集?"

几乎所有的学习小组都有人举手。

……

教师通过举例示范，激发了学生自发去学习探究的兴趣，引导他们自主完成学习的任务，这样不仅完成课程的过程轻松有趣，而且学生的体验丰富，学习效果显著持久。

（湖南师大附中　谢兰萍）

点评：

这个案例很好——朴实、扎实。

这样的教学具备了引入最关键的特征——引发学生的学习兴趣，同时，这个案例还显示了教师对学生学习中可能遇到的困难有准确清晰的判断。现实教学中很多教师都会给学生布置各种任务——包括课前预习——并尝试将此作为新课导入的素材，但这样的活动很多以失败告终，因为学生经常草草地应付这样的任务。但教师应理解，很多时候不是学生不认真，而是学生不知道怎么去做。此时，学生需要的是教师的引导。

在这个案例中，谢老师及时向学生伸出了援助之手，她不仅给学生做了示范，总结了若干姓氏源流，充分调动了学生的兴趣，而且还向学生呈现了资料的分类，这就教给了学生收集资料的方法。这样的引入既是火种，点燃了火，也是柴，让火烧得更旺！

❺

在教授曹操的《短歌行》时，我先给学生呈现了曹操的另外两首诗作为教学的引入。我让学生阅读《观沧海》、《蒿里行（节选）》，并说说从这两首诗中读出了怎样的曹操？

观沧海

东临碣石，以观沧海。

水何澹澹，山岛竦峙。

树木丛生，百草丰茂。

秋风萧瑟，洪波涌起。

日月之行，若出其中；

星汉灿烂，若出其里。

幸甚至哉，歌以咏志。

蒿里行（节选）

铠甲生虮虱，万姓以死亡。

白骨露于野，千里无鸡鸣。

生民百遗一，念之断人肠。

从《观沧海》中，我们可以读出一个野心勃勃的枭雄。从《蒿里行》中，我们可以读出一个感时悯世的贤相。我们今天将品读曹操的另一首诗《短歌行》，了解不一样的曹操。

（湖南师大附中　谷辰晔）

 点评：

"白脸的曹操，红脸的关公"，曹操在中国人心中已经形成了"奸雄"这一刻板印象。欣赏文学作品要"知人论世"，谷老师这个导入很重要，可以让学生发现、理解曹操这个人是多面的，将一个概念化的曹操还原到一个有血有肉的曹操。只有打破对曹操的刻板印象，才能重新认识曹操这个人，真正理解、欣赏曹操的诗。由此看来，谷老师的这个导入目的性很强。

导入的两首诗再加上要学习的《短歌行》，三首诗有不同的内容和主旨，有不同的表现手法，这让我们不仅看到曹操多面的情志，而且看到曹操在作诗方面的才华。教师在呈现《观沧海》和《蒿里行》两首诗之前，还可以问学生："曹操在你们的心目中是个怎样的人？"这将成为后续学习的铺垫，某种意义上，后续的学习都是对曹操刻板印象的颠覆。

针对《短歌行》的学习，教师还可以给学生更多的材料以辅助他们理解和欣赏这首诗。如叶嘉莹先生在《汉魏六朝诗讲录》中以2节7页的篇幅对曹操及其诗歌进行了分析评价，基于丰富的史料，叶先生认为曹操是一个真正的英雄豪杰，他生当乱世，有着一份高远的理想和政治抱负，同时也有实现这份抱负的勇气和谋略。① 此外，叶先生用一整节专门分析《短歌行》，材料翔实、富含细节、观点新颖，这些都可以作为教学导入的资料。

当然，叶先生对《短歌行》的分析评价只是一家之言，早自南朝的钟嵘就将曹的诗归为"下品"，评价曹操的诗"曹公古直，甚有悲凉之句"。当代研究曹操诗歌的也很多，如郑振铎说："孟德熊莾，杂言无端，仅以壮气贯之而已。"研究《短歌行》的名家还有林庚、刘跃进、万绳楠等等。这样看来，不仅是曹操的德行，对曹操的诗歌的评价也有分歧和争议。教师可在教学导入时有选择地给学生呈现更多的背景材料，部分材料课上重点讲解，其他材料让学生在课下阅览，让学生的批判性思维介入到学习中，这样的学习会更有效。

人教版九年级《英语》第6单元 I like music that I can dance to（我喜欢可以让我跳舞的音乐），这个单元的学习重点是定语从句。定语从句对于初中学生来说是个难点。由于中、英文表达习惯的差异，很多学生虽然理解它但却不能准确地表达它。如，那个穿着红色裙子的女孩，学生常常错误地表达成 the wearing a red dress girl 而不是 the girl who is wearing a red dress。

---

① 叶嘉莹：《嘉陵文集（第八卷）》，河北教育出版社1997年，第134-141页。

为了更好地帮助学生掌握定语从句的学习要点，我在上课之前就开始播放一首英文歌"She"，在这首优美动听的英文歌中，歌手用了相当多的定语从句来描述一个女孩子，使这个女孩子的形象立刻生动起来。例如：

She is the one that you never forget. （她是一个让你永远忘不了的女孩。）

She is the heaven – sent angel you met. （她是一个上天送到人间的天使。）

She must be the reason why God made a girl. （她能告诉你为什么上帝要造一个女孩。）

She wins in everything that she might do. （她能赢得她想要的一切。）

这些句子被反复吟唱，一次又一次加深学生对定语从句的感知和记忆。我让学生们先从学会这首英文歌入手，再举一反三学会仿写更多的定语从句，甚至有学生用他仿写的定语从句创作了一首新的歌唱爸爸的英文歌"He"。在悠扬音乐的烘托下，课堂的学习气氛活泼轻松，让人惊讶的是，班上的孩子不仅能脱口而出那首动听的英文歌，还能准确地掌握及使用定语从句了。英语和音乐的完美融合给老师和学生们带来了一次不一样的学习体验。

（湖南师大附中广益实验中学　陈莎）

 点评：

这样的引入符合英语学习的规律。一个两岁的儿童没有经过任何专门的语言训练就能表现出相当好的母语听说能力。置于真实的语言应用情境中，这样的英语学习效率最高、效果最好。教师在引入时以一首流行歌曲为素材，其中蕴含了多个被重复多次的定语从句，营造了一个非常优质的语言习得环境，为学生的学习奠定了良好的基础。

这样的引入也符合心理学规律。这首乐曲配有MV，如果教师一边放音乐一边让学生看MV，再把相应的歌词显示在屏幕上，学生就会同时受到三种信息的刺激——图像信息、声音信息、文字信息。这三种信息是相伴相生、相互关联的，从学习心理学的角度来看这是一种非常高效的知识组织方式。与英语句式相伴随的是悦耳的音乐、动感的图像,更多的信息与英语句式整合在一起,这些信息有助于学生对句式的理解,也有助于学生对句式的记忆,这类似于我们将一个知识点编成顺口溜进行记忆一样。

语言学习要置于真实的语言环境中,这是非常自然、特别优质的学习方式。真实的语言环境就是肥沃的土壤,在这土壤中"生长"的词汇、古诗、歌谣都有感情色彩,伴随着鲜明的画面,孩子因为理解了情境而理解了相伴随的语言知识。所以,教师的这个教学引入看似简单,其中却蕴含了非常重要的促进学生学习的积极因素。

需要指出的是,蕴含学习目标的素材——如上述歌曲和 MV——有时是一把双刃剑,它一方面有助于调动学生的兴趣促进学生的理解和记忆,另一方面也有可能分散学生的注意力,使学生注意力朝向与学习目标无关的内容。因此,教师一定要做好引导工作,要重点呈现与学习目标相关的内容,提醒学生聚焦于学习目标。例如,在上述教学导入时,教师可反复播放与定语从句有关的内容,以加深学生的印象。

❼

在讲人教版高中《政治》(必修3)《文化生活》中"文化影响人们的实践活动、认识活动和思维方式"时,可以给学生讲两则小幽默:

> 让来自不同国家的人以大象为论题写一篇文章。德国人写的是《大象的思维》,法国人写的是《大象的情爱》,俄国人写的是《俄罗斯的大象是世界上最伟大的大象》,中国人写的则是《大象的伦理道德》。
>
> 一幢杂居着各种民族的大楼在失火后,犹太人首先背出了钱袋,法国人立即抢救情人,中国人则奋不顾身地到处寻找老母亲。

现在的学生对小幽默比较感兴趣,这两则小幽默能够吸引学生的课堂注意力,也能够引导他们去思考为什么不同国家、不同民族的人在面对同一事物时反应不同,这就是因为不同的文化背景在其中发挥着重要的影响作用。寓教于乐,能让孩子们在欢声笑语中学到知识,而且印象深刻。

(湖南师大附中广益实验中学　刘姣)

点评:

幽默是高级智慧的表现,以恰当的幽默材料做教学引入是高明的方法。幽默在生活中无处不在。有一记者问一农民:"如果你有一百亩地,你可以捐给国家吗?"农民回答:"可以!"又问:"如果你有一百万,你愿意捐给国家吗?"农民回答:"我愿意。"记者三问:"如果你有一头牛,你愿意捐给国家吗?"农民回答:"我不愿意。"记者问:"为什么?"农民困窘地答道:"因为我真有一头牛。"这段对话如此幽默,中国著名导演冯小刚对此大为赞赏,并以此为原型在2014年的电影——《私人定制》——的结尾呈现了这个幽默。

真正的幽默不仅给读者以轻松愉快的笑,还能让读者笑完后陷入深深的思考。钱钟书在散文《谈教训》中说:"自己有了道德而来教训他人,那有什么稀奇;没有道德而也能以道德教人,这才见得本领。有学问能教书,不过见得有学问;没有学问而偏能教书,好比无本钱的生意,那就是艺术了。真道学家来提倡道德,只像店家替自己存货登广告,不免自我标榜;绝无道德的人来讲道学,方才见得大公无我,乐道人善,愈证明道德的伟大。"

幽默往往是让人发笑的,这自然会引发学生的学习兴趣,让课堂氛围更轻松。更重要的,幽默绝不是油嘴滑舌,它以轻松的形式表现了深刻的道理。幽默犹如一件锐利的兵器,轻快地刺破认知屏障,触探事物的本质或规律,这使其成为很好的教学引入材料。

小　结

高效与低效教师的一个重要区别在于:前者将学生"引入"学习的美好

境地，后者"牵着"学生被动学习。

从把握教学形式的角度来看，教师很像是一个"导游"，"导"意味着教师唤起学生的学习兴趣和主动性，在乎学生的感受，关注学生的收获，为学生提供支持；"游"意味着教与学成为一个富有乐趣的、享受的过程。

总的说来，教学中的"引"有以下两方面的价值。

（1）激发学生的学习期待和学习热情

高效学习最重要的基础和前提就是学习的积极性和主动性，因此，使学生形成学习期待和学习热情是教师进行教学引导的一个重要步骤。学习期待与学习热情可分为"激发"与"定向"两个阶段。激发指学生的学习愿望被调动起来，定向指学生有了明确的学习目标。这类似于导游向游客展示了旅行地的美景，游客们对即将到来的旅行充满向往和动力，进而，导游与游客一起分享具体的旅行计划，使游客心中有具体的行动目标。

（2）为学生的学习提供支持

一个导游调动了游客的热情，明确了旅行的目标，下一步要做的是为游客的旅行提供支持和引导。教师要理解，学习过程充满艰苦和挑战，并且学习是学生自己的事情，教师不能代替他们承担压力和挑战，这时教师能做的就是为学生提供支持，这样的支持有"软件"和"硬件"两种形式，软件着重于创设良好的学习氛围，硬件着重于为学生提供学习资源和素材。

教师要优化教学中"引"的功夫。"引"是调动学生的兴趣，激发和牵引学生的注意力和学习能量，并使其集中指向学习内容，是教学的重要策略，此外，恰当的"引"往往还是好的教学铺垫，有助于学生理解学习重点，攻克学习难点。

综上所述，"引"使得教师的角色、教学姿态和师生关系发生变化，教师不再是知识的传授者，教师是学习的引领者，他在乎学生的想法和感受，他激发学生的动力并与学生的步伐协调起来，他以学生的收获和成功评价、调整自己的教学。教师和学生们一起携手"在路上"，他们有着共同的愿景，共同面对困难与挑战，共同分享学习的成功与感动。

问——好问题驱动教学

问：教师在教学中提出好问题，包括"是什么"、"为什么"和"怎么办"三类问题。

要解决的问题：如何通过教学中高质量的问题激发学生的兴趣，并促进学生由被动听讲转变为主动思考。

教师可以从以下几个方面入手优化教学中的提问：

（1）提问要贴近学生的生活经验。

（2）了解学生学情，问题设计紧扣与学情相应的重点和难点。

（3）针对学生学习薄弱处或认知弱点提问，形成认知冲突，激发学生探究的兴趣。

（4）提问要紧扣教学目标、体现学科特点。

（5）问题设计要有层次，问题解决成为推进教学的过程。

（6）让学生在思考、解决问题的过程中获得知识。

❶

地理教学不仅仅是教给学生地理知识，更多的是打开孩子的那双观察自然环境、关注社会现象的眼睛，从而开启地理思维。

上课前，我用超链接的方式打开了一个网页，上面显示的是【印度高温天气致千余人死亡　道路融化】

> 据印度媒体报道，截至 2015 年 5 月 26 日，印度部分地区高温天气导致的死亡人数已超过 1100 人。最近一周以来，高温天气在印度持续肆虐，首都新德里的最高气温逼近 45 摄氏度。东南部一些地区的最高气温甚至达到 48 摄氏度。首都新德里的一条道路融化，斑马线变得扭曲。

通过与本地最高温的对比，同学们感到非常震惊。

我提出问题："印度为什么这么热呢？"

马上有同学举手："印度纬度较低，所以气温较高。"

"不错！"我给予了肯定，同时又问："那印度尼西亚纬度不是更低吗？"

这个问题一出，马上引起全班同学的思考，他们相互之间已经开始讨论了。

我提醒学生："可结合二者的气候类型思考！"

同学们马上纷纷翻出地图册，动作快的同学兴奋地举手回答："印度是热带季风气候，印度尼西亚是热带雨林气候。"

又有同学质疑道："可这能说明什么？两地都是终年高温，并没有解释前面所说的问题啊？"我对这个质疑的学生竖起了大拇指。

突然有一个学生举起了手："印度属于热带季风气候，分明显的干、湿两季，现在是5月，正处于干季，晴天多，所以气温很高，而印尼是全年多雨。"

"哦！"不少同学恍然大悟。

"不错，懂得找到二者的不同点来进行思考！"我对此给予了肯定，并进一步解释："印度干季是从11月至次年的5月，其中3至5月，直射点至此，西南风又未到来，降水少，晴天多，气温很高。"

马上有同学追问："那是不是每年这个时候都像今年这样热死这么多人呢？"

全班同学都用期待的眼光看着我，我答道："其实，每年印度都会因为热浪而导致人死亡，但今年更严重，因为今年的西南季风比往年的迟，降水迟迟未到导致了印度很多地区多什么灾害呢？"

"旱灾。"同学们异口同声地回答。

课后感想：其实老师的提问并不是越多越好，也不是越深越好。好问题的标准应该是能否激发学生的思考与好奇心，能否激发学生的反问与辩论，通过反问与辩论加强对知识的理解，这样的问题是上佳的。因此老师不仅要会向学生提出好问题,更要营造让学生提出好问题的氛围与切入点。

(湖南师大附中梅溪湖中学 吴海霞)

 点评:

这是一个非常典型的案例,展示了教师通过教学中的层层设问,充分地激发了学生的思考,使学生在思考的过程中解决问题,在解决问题的过程中获取知识。

这个案例有一个地方值得注意,教学过程被一串问题连起来了,而且有些问题是学生自己提出来的,学生在生成问题,一环扣一环不停地追问和质疑,这样的教学效率非常高。能做到这一点,最重要的原因是教师选择了好的素材——解释印度今年的极端天气。这与课本上的知识有关,但课本上的知识又不能解释所有问题,这就引发了学生思维的激荡,涉及了多项思维技能:理解、应用、对比、评价,有效地促进了学生的学习。

❷

以下是物理、生物和化学教师给学生提出的问题:

(1) 海边的饭店里大鱼缸中用海水养着一些海水鱼,但为什么见不到深海鱼,如带鱼?

(2) 患有关节炎的人为什么会在阴雨天感到关节酸痛?

(3) 为什么"大树底下好乘凉"?

(4) 为什么"蓬生麻中,不扶自直"?

(5) 市面上15年、30年、50年、80年53°500ml茅台的售价分别是6600元、15600元、127200元和255000元,为什么茅台酒年限越长价格越昂贵?为什么酒越陈越香?这个香和什么物质有关?

[问题(1)(2)由湖南师大附中广益实验中学毛志仁提供,问题(3)(4)由湖南师大附中广益实验中学向阳提供,问题(5)由湖南师大附中雍湘鹏提供]

点评：

第一个问题与海水的压强有关，深海鱼类承受巨大的压强，它们适应了这样的环境，在深海时体内外压强也是平衡的，在被渔民捕获后，被迅速捞出海面，外界压强急剧减小，它们会因脏器迅速膨胀乃至破裂而死亡。

第二个问题从物理的角度看与大气压强有关，同时也与其他知识相关。阴雨天我们所处的环境会发生三种变化：气温降低、湿度增加、气压降低。科学研究表明，潮湿时，湿度增加的刺激使关节的神经敏感性增强；寒冷时，血流缓慢，血液内肾上腺素含量升高，球蛋白凝聚，致使关节腔内的滑液粘稠度增高，加大了关节活动时的阻力；阴天、刮风或下雨时气压降低，可使关节组织间隙液体积聚，导致细胞内压及关节腔内压相对增高，以上诸多因素引起关节疼痛加剧和肿胀。

第三个问题是一个人人都熟知的俗语，但这个现象的形成原因是什么呢？很多学生第一直觉是说树荫遮蔽了阳光，因此会觉得凉快。此时教师可提醒学生，这是一个原因，但还有别的原因，否则为什么在大树底下比在建筑物的阴影里更凉快。此时可能会有学生说："因为树是活的。"这个答案一定能引起大家的笑声，教师可顺势说："你还真说对了，就是因为树是活的，可为什么树是活的就能让我们感觉更凉快呢？"这无疑会引发学生更多的猜测，也许他们能找到答案——树在不停地蒸发水分，而蒸发会吸收热量，这使得大树周围的温度更低。

第四个问题的"蓬生麻中，不扶自直"出自《荀子·劝学》，后面还有两句是"白沙在涅，与之俱黑"，用来说明不同的环境对人有积极或消极的影响，类似"近朱者赤，近墨者黑"。这是一个很有文化味道的与生物有关的问题：蓬和麻是两个物种，为了更好地吸取阳光，都拼命地向上长，体现了种间竞争的关系。

第五个问题有关酯化反应，能让学生深刻理解酯化反应的发生条件，并体会酯化反应的特点及其在生活中的应用。

这是特别好的五个问题，对教学的促进作用很大。这五个问题有一个共同的特征：贴近学生的生活经验，让学生从中"看"到了具体的物理现象或生物现象。学生都可以凭自己的经验去猜想，不会完全没有头绪，但学生仅根据经验和常识猜想往往会出错，很有可能会给出五花八门的答案。而学生出的错正是教学中要讲的重点，这能够有效引发学生的学习兴趣，并且能够加深学生对知识的理解和记忆。

❸

刚刚发现患了近视，要不要戴眼镜？

很多家长和学生都有一个观点：刚刚得了近视眼的人，尽可能不戴眼镜，就能减少以后变成真性近视丢不开眼镜的可能性。那么，这个看法对不对呢？

解决这个问题，首先要弄清楚近视的原因。教材上只讲到了近视的原因是"眼球的前后径过长，或者晶状体屈度过大且不易恢复原大小，远处物体反射来的光线通过晶状体等折射所形成的物像，就会落到视网膜的前方，这样看到的是一个模糊不清的物像"。这没有说明导致近视的外部原因，也没有区分真性近视和假性近视。其实，假性近视是近距离用眼时间过长，引起调节紧张或调节痉挛，看远处时不能放松调节，从而造成视力下降。结合教材上插图资料分析，假性近视实质上是近距离用眼时间过长引起的睫状体过度紧张、晶状体曲度过大不易恢复，是单纯的晶状体曲度变化，眼球前后径仍然正常。

青少年刚刚近视的时候往往是假性近视，假性近视是有可能恢复正常的，前提是让睫状体得到充足的休息，解除过度疲劳状态。方法有二：一是少看电视，少打电脑游戏，注意读书写字姿势，做眼保健操等；二是到正规医院佩戴合适度数的近视眼镜，在看不清楚的时候佩戴，而在看近物的时候要摘掉，比如学生看不清黑板上的字的时候戴上眼镜，在做作业等的时候不戴。如果假性近视度数较高又不佩戴合适的眼镜，会加快转变成真性近视。真性近视眼底发生了病理改变,用教材上的话说,眼球前后径过长。真性近视到目前为止还没有任何一种有效的治疗方法,必须佩戴近视眼镜。

所以,刚刚发生近视,如果能保证用眼卫生,度数低的情况下暂时可以不配眼镜,度数比较深看黑板不清楚的学生还是要及时佩戴合适的近视眼镜。

(湖南师大附中博才实验中学　方田根)

点评:

这样的问题应该得到赞赏,因为它体现了求真求实的态度与方法。

在日常生活中,有太多各种各样的说法,这些说法含含糊糊,而且有时还相互矛盾,此时就需要案例中"格物致知"的态度来分辨真伪。

例如,民间广泛流传这样一个说法:隔夜菜不能吃!为什么不能吃?又语焉不详了。记者就此问题,专门赴浙江大学生物系统工程与食品科学学院食品科学与营养系实验室,测量隔夜菜中亚硝酸盐的含量。之所以测亚硝酸盐含量,是因为隔夜菜中的细菌可以用加热的方式杀死,而亚硝酸盐却是加热去不掉的,而这又是隔夜菜所生成的对人有巨大危害的物质。

实验人员请杭州一家知名中高档连锁餐厅的厨师烧了4个菜:炒青菜、韭菜炒蛋、红烧肉和红烧鲫鱼,冷却后放进冰箱,在4℃下冷藏。实验人员先把菜肴研磨成浆状,称取1g样品置于锥形瓶中,加蒸馏水稀释,在暗处静置15分钟,由快速检测仪直接读取亚硝酸盐含量。每个样品都测试3次,最后取平均值。

出锅后半小时,四种菜亚硝酸盐含量都没有超过我国《食品中污染物限量标准》的最高限值,即蔬菜类4mg/kg、肉类3mg/kg。

6小时后,用微波炉把四种菜加热1分钟,结果炒青菜、韭菜炒蛋、红烧鲫鱼和红烧肉的亚硝酸盐分别增加了16%、6%、12%和70%,红烧肉中亚硝酸盐含量超标,达4.2558mg/kg。

18小时后,炒青菜中亚硝酸盐含量增幅非常大,比6小时测试时增加了

443%，红烧鲫鱼增加54%，韭菜炒蛋增加47%，红烧肉中亚硝酸盐含量变化不大。如果隔夜菜放到第二天中午，所有菜肴硝酸盐含量都超过了国家标准。

24小时后，所有菜肴亚硝酸盐含量继续大幅增加，全部超标：其中炒青菜超标34%，韭菜炒蛋超标41%，红烧肉超标84%，红烧鲫鱼超标141%。

这样的一个实验就把似是而非的事情说清楚了，这有赖于明确的定义（隔夜菜中的有害物质是什么）、科学的实验方法（间隔测定亚硝酸盐的含量）、合理的采样（素菜与肉菜）、完备的数据收集（三次测定取平均数），所有这些就是"科学方法"。同样，本案例中"近视初期不要戴眼镜"这也是一个想当然的说法，方老师的分析首先区分了真性近视和假性近视，进而提出不同的应对策略，这里面涉及很多概念，其中"假性近视是单纯的晶状体曲度变化，眼球前后径仍然正常"就非常关键，这是假性近视的生理表现，是决定此时应否戴眼镜的根本原因。

丁肇中所写《应有格物致知精神》入选人教社中学语文课本，其中有这样一段话：

> 我觉得真正的格物致知精神，不但是在研究学术中不可缺少，而且在应付今天的世界环境中也是不可少的。在今天一般的教育里，我们需要培养实验的精神。就是说，不管研究科学，研究人文学，或者在个人行动上，我们都要保留一个怀疑求真的态度，要靠实践来发现事物的真相。……我们不能盲目地接受过去认为的真理，也不能等待"学术权威"的指示。我们要自己有判断力。在环境激变的今天，我们应该重新体会到几千年前经书里说的格物致知真正的意义。这意义有两个方面：第一，寻求真理的唯一途径是对事物客观的探索；第二，探索的过程不是消极的袖手旁观，而是有想象力的有计划的探索。希望我们这一代对于格物和致知有新的认识和思考，使得实验精神真正地变成中国文化的一部分。

因此，我们积极提倡教师在教学中多提这样的问题，不仅与所教的知识有密切关联，也是生活中常见的问题，还是很多人搞不清楚的、似是而非的问，对这些问题的探究才能够真正让学生感受知识的力量，并且有助于培养他们用科学方法解决问题的精神。

❹

问，不仅是一种教学方式，也是一种教学技巧，更是一种教学艺术。问得好，可以化繁为简，化难为易，甚至可以化腐朽为神奇。课堂上教师的一个巧妙的或富有启发的提问，不仅可以激活学生的思维，还可以激活学生的情绪，变沉闷乏味为生动活泼，使课堂静中有动，动中有静。课堂提问是教师和学生共同参与的双边活动，是最基本的教学互动方法。

现以"噬菌体侵染细菌实验"为例来说明。"噬菌体侵染细菌实验"的教学，是《DNA是主要的遗传物质》这一节的教学重点和难点。学生在学习过程中，经常遇到诸如"如何标记噬菌体？""用 ^{32}P 或 ^{35}S 标记的噬菌体侵染未标记的细菌时，为什么子代噬菌体中只有部分DNA含 ^{32}P，所有的噬菌体都不含 ^{35}S？"等等问题。如何让学生学好这部分知识？我在教学时设计了一些问题，让学生在解决问题的过程中扎实掌握知识，突破难点。

教学开始，我问学生："T2噬菌体是什么生物？由哪些物质组成？"此问目的是检查已学知识，进行教学反馈，为接下来的教学作铺垫。学生通过回答问题，复习了有关病毒的知识，知道了病毒（T2噬菌体）必须寄生在活细胞中才能生存。

我接着问："那么噬菌体生物所需的营养物质来自哪里？"学生回答："细菌。"

随后我进一步问："细菌生活所需的营养物质来自哪里？"学生利用前面所学知识，知道来自培养基。有了这一铺垫，接下来的问题，学生就容易理解了。

我又提问学生："那么如何标记噬菌体呢？"根据上述知识的学习，学生很快就想到了答案，即"用含 ^{32}P 或 ^{35}S 的培养基培养细菌，使细菌被 ^{32}P 或 ^{35}S

标记，再利用被^{32}P或^{35}S标记的细菌来培养噬菌体，噬菌体即被^{32}P或^{35}S标记"。上面的提问由易到难、由表及里、由具体到抽象、由已知到未知，问题环环相扣，层层推进，步步深入。

接下来进入新知识的学习，此时，我的提问抓住证明"DNA和蛋白质谁是遗传物质"这一关键来设计。如：

"蔡思和赫尔希设计这一实验的思路是什么？"

"噬菌体侵染细菌时，为什么要搅拌和离心？"

"当用^{35}S标记的噬菌体侵染细菌时，为什么上清液的放射性含量高而沉淀物的放射性含量低？"

"当用^{32}P标记的噬菌体侵染细菌时，为什么上清液的放射性含量低而沉淀物的放射性含量高？"

上述提问，有一定的难度，但可以搅动学生沉淀的知识，引起悬疑，激发认知冲突。学生通过问题进行思考，明确实验目的是为了证明DNA和蛋白质两种物质中谁是遗传物质，因此，实验设计的思路就是"使DNA和蛋白质分开，单独地观察两者的作用"，从而清楚地证明谁是遗传物质。实验过程中，搅拌和离心是为了使吸附在细菌表面的噬菌体部分和细菌分离开，以证明进入细菌体内的物质是哪一种。"当用^{35}S标记的噬菌体侵染细菌时，上清液的放射性含量高而沉淀物的放射性含量低"，说明蛋白质没有进入细菌体内；"当用^{32}P标记的噬菌体侵染细菌时，上清液的放射性含量低而沉淀物的放射性含量高"，说明进入细菌体内的是DNA，这样就证明了"DNA是遗传物质，而蛋白质不是"。

可见教师通过不断提出新问题，激发了学生的思考，拓展了学生思维的广度和深度，在思考问题和解决问题的过程中，培养了学生的思维品质，达到了发展学生智力的目的。

（湖南师大附中梅溪湖中学　胡平新）

点评：

这个案例非常突出地表现了教师对学生学情的把握，而学生的学情是确定教学重难点的重要依据。如何突破教学重难点，有些教师采用"反复讲"的方法，而胡老师设计了非常精准的问题，让学生在解决问题的过程中理解和记忆，这样的教学效果更好，效率更高。我们可以看到胡老师提出的问题环环相扣，很有层次——回忆基础知识，积累素材，抓住要害，突破难点。学生面对问题的时候，不是被动地接受，而是积极地理解问题、寻找素材、尝试探索，正是这些思维过程使学习变得积极、高效。

❺

我在教人教版高中《语文》（必修5）第3课《边城》时，向学生提出了一个问题：

"《边城》全书以翠翠的爱情悲剧为线索，表现了湘西的人性美和风情美。仔细阅读课文节选部分，我们能从哪些地方能看出翠翠渐渐爱上了傩送？"

学生们回答：

两年前的端午赛龙舟会上，二人邂逅，聪明能干、开朗风趣、热心助人的傩送在翠翠心里投下了一道影子，从此种下情苗。

上年的端午节，"翠翠为了不能忘记那件事"，又去河街看了半天船，虽然没见着傩送，但翠翠所有的话题，都在往傩送身上引，如当年送她回家的"嗦啰"提到"二老"，她便"抿起嘴唇笑着"……和傩送有关的所有信息，都能引起翠翠的强烈反应：如回家路上跟爷爷提到"青浪滩"，爷爷提到"大老"，便忽然"着了恼"……可见少女内心美好的记忆和感情的涟漪。

端午又来了，爷爷提到"大鱼会吃掉你"，翠翠"嗤嗤地笑了"；爷爷借和翠翠同岁的新嫁娘喻示翠翠时，她"不作理会，静静地把船拉动起来"——女孩心有所属，默默相思。

"不是翠翠,不是翠翠,翠翠早被大河里鲤鱼吃去了。"——傩送的话她深记在心;

"但是另外一件事,属于自己不关祖父的,却使翠翠沉默了一个晚上。"

"一家人都好,你认识他们一家人吗?"

"我记不得,我记不得,我全记不得!"

……

一个问题激发了同是情窦初开的学生的极大兴趣,大家细细阅读,细细体会,加深了学生对小说情节和人物的理解,明白了如上所列的翠翠看似无厘头的话语,忽喜忽怒的情绪,以及其他一些不相关的细节,不再是少女的娇憨和任性,而是爱情的种子播种在她的心里,慢慢发芽了。他们初看以为平淡如水的小说情节,也就有了无穷的趣味。

(湖南师大附中 彭君辉)

点评:

《边城》是一部文学作品,它用文字编织了一幅画以表现翠翠的爱情,这幅画里有对话、有动作、有心理活动。而文学欣赏就是要通过文本在头脑中重建这幅画,这是切实的感性认识,是学生获得美感的基础。这就好像面对一道菜,再精彩的讲解也不如亲自品尝一下。案例中教师提出的是一个好问题,它"很专业"、"很语文",这比问学生"文章表达了什么?""中心思想是什么?""翠翠的爱情美在哪里?"等要有价值得多,这些问题形成的是概念,是抽象的、理性的、逻辑的,而文学是艺术,它是具体的、感性的。教师让学生将表现翠翠爱情的文字找出来,这符合语文学习的规律,让学生亲近文字,从中生成最直接的心理感受。这不仅有助于学生理解文本的情意,而且也有助于学生品味作者的写作技巧,这才是真正的文本赏析。

小 结

主动学习的一个重要特征就是"带着问题学习"。

教学中有三类问题："是什么"、"为什么"、"怎么办"。

● "是什么"：指对一个新的现象或事物进行描述，对其本质进行抽象，在此基础上可进行分类。

● "为什么"：指针对一个现象阐明引发此现象的原因，或针对一个因果关系说明其因果形成的机制。

● "怎么办"：指面对一个目标寻求达成的办法、工具、过程。

回答这三类问题需要概括、抽象、推理、猜想等基本思维过程，在不同的学科形成富有学科特点的具体思维方法，这成为科学思想的基础。思维的推进、假设的确证需要实证信息，这催生了人们获得信息的各种手段，如实验的方法，同时，思维成果还需要得到应用，这成为工程技术的基础。因此，正是问题驱动了人类知识的产生、积聚和升华，某种意义上中小学的大部分知识都是面对和解决这三类问题的成果，带着问题学习是最高效、最优质、最本质的获取知识的途径。

问题有两种，一种是别人提出来的问题，如教科书中的问题、考试中的问题、教师提出的问题，这样的问题如果质量很高——如不仅要求学生记忆还要求学生探究——无疑对学生的学习促进作用很大，因此教师要在教学中注重提高问题的质量，甄选高质量的试题和作业；另一种是学生自己发现、自己提出来的问题，这样的问题极为珍贵，这意味着学生在主动"加工"学习素材。学生发现了知识点之间的矛盾，这个矛盾同时也是一个问题，解决问题就是学习的过程，在问题的驱动下进行学习是特别值得鼓励的学习方式，是学习由被动转向主动的关键。

教师要想提高学生学习中的问题意识，首先要提高自己的问题意识，这样才能引导学生将知识置于问题的背景中。要做到这一点，最有效的办法是将知识"还原"到它最初的问题情境，即想一想人们是为了解决什么样的问题而产生了现在教科书中要教给学生的知识。

需要指出的是，问题对教学有明确的驱动作用，在设计和呈现问题时要注意以下两点：

第一，不能偏离教学目标。

例如，在英语教学中，让学生用英语表达"什么是友谊？""如何保护红树林？"这样的教学活动可能存在一个共同的问题——偏离了英语学科的教学目标。教师需要理解，对于中国学生来说，英语是第二语言，英语学习的主要任务是语言习得。"友谊"、"红树林"这些都是语言习得的素材和载体，学习的目标和重点应当放在这些素材所负载的语言学习目标上，如单词、短语、句式、表达策略等等。教师提出的问题、布置的任务也应当紧紧围绕这样的教学目标。请设想一下，如果让学生用中文写"什么是友谊"，这是一件容易的事情吗？这是一个极其宽广又极其厚重的命题，学生用中文表达尚显得非常困难，用英文表达其困难程度可想而知。写"红树林保护"这样的话题，学生要花大量的精力去收集相关的资料，包括红树林的生长习性、生态价值、被破坏的现状、遭受破坏的原因及可能的对策等等。因此，学生回答这两个问题或完成这两项任务的核心是哲学思辨和生态知识，而在英语技能上的收获可能比较小，离语言学习目标比较远。

第二，教师提出的问题不要浮于表面。

有教师在政治课上问学生"现阶段'一国两制'是否能够用于台湾？"有的学生回答该政策成功用于香港和澳门，对台湾也同样是有效的。有的同学回答，中国政府太克制了，应该用武力解决。还有同学认为通过加强两岸经济和文化交往，自然就能够实现"一国两制"。学生们的发言很像茶余饭后的闲聊，只是表达了一些观点（每个人都有观点），听起来还有点像空话、套话。教师的初衷是调动学生的思维，但问题出在教师给学生的素材太少——巧妇难为无米之炊——没有素材的思维只能是肤浅和空洞的。台湾和香港、澳门的历史与现状存在很大差异，教师可以就这些差异，尤其是台湾的历史和现状，选取与和平统一相关的关键材料呈现给学生，让学生探讨对和平统一的不利和有利的因素分别是什么，这才是有价值的思考，才能真正促进学生的批判性思维。

比——打比方、举例子、作比较

比：指教学中的打比方、举例子、作比较。

要解决的问题：如何通过打比方、举例子、作比较帮助学生更深刻地理解知识。

教师可以从以下几个方面加强打比方、举例子、作比较在教学中的应用：

（1）多留心、多收集与教学内容有关的素材，作为打比方、举例子、作比较的素材。

（2）在教学时养成习惯，用打比方、举例子、作比较的方式解释抽象的概念，或以丰富的相关材料深化学生对所学知识的认识。

（3）把握知识的本质特征，打比方要形似更要神似。

（4）举例子要典型，不能以偏概全，既要有正例，也要有反例。

（5）作比较所选材料要精当，避免牵强，比较的对象要有本质的关联。

❶

"化学平衡是动态平衡"这一概念在教学过程中比较抽象，它是指可逆反应进行到一定程度时，从宏观上看，反应物不再消耗，生成物不再产生，似乎是静止的；而微观上，反应物仍在转化为产物，而产物也在转化为生成物，只是量相等而已，这就是动态的平衡。对于初次接触到这一概念的学生来说一时还难以掌握。为了给学生讲清这个抽象的概念，我举了下面的例子来解释说明：一条传送带从东向西运动，同时一个人以相同速度在传送带上从西向东奔跑，无论进行多长时间，表面上看起来人好像是静止不动的。这样就很生动、形象地传授了这一基本概念。

（湖南师大附中　曹奉洁）

点评：

案例明确显示了打比方的好处——让一个抽象的概念变得具体、形象、易懂。

下面是衡阳市一中唐圣水老师的教学案例，同样显示了教学中打比方的价值：

教师：有些化学反应进行得很快，例如火药爆炸、酸碱中和反应等。有些化学反应进行得很慢，例如溶洞中钟乳石、石笋、石柱的形成，铁生锈等。那么，如何准确描述化学反应进行的快慢呢？

学生在认真思考。

教师：物理学中物体的运动快慢用"速度"表示，那么化学反应的快慢可以用什么表示？

学生：反应速度（速率）！

教师：说得好，那么化学反应速率如何表示呢？

教师呈现化学反应速率的定义及公式：化学反应速率通常用单位时间内反应物浓度的减少量或生成物浓度的增加量（均取正值）来表示。其公式为：$v(A) = \triangle c(A) / \triangle t$。

学生显出了不理解的表情。教师给学生打了一个比方：

10（斤）谷 $\xrightarrow{\text{碾米机}}$ 7（斤）米 + 3（斤）糠

碾米机将谷物变成大米和糠，为了描述碾米机的碾米速率，可以用单位时间内谷物的消耗质量来描述，也可以用单位时间内大米或糠的生成质量来描述。如某台碾米机碾米速率是每小时碾1000斤谷，但也可以用每小时出700斤大米或每小时出300斤糠来描述这台碾米机的碾米速率。虽然它们的数值大小可能不一样，但它们表示的意义却是相同的——都可以用于描述碾米机的工作速率。化学反应速率也是一样，反应物和生成物各物质之间有固定的反应计量比，所以，用反应物的消耗速率或生成物的生成速率来表示同一反应的反应速率，虽然数值不一定相同，但意义是相同的。

看了这两个案例，我想每个读者都清楚地理解了"动态平衡"和"化学反应速率"这两个抽象的概念。

因此，会不会打比方是教师的基本功，这意味着教师有一种"转化"的能力，能够把抽象转化为具体、形象。北京师范大学的李小文院士特别擅长打比方。他在讲解遥感观测力学中有"尺度"效应时是这样解释的："观测就和看美女一样，太远了什么都看不清，太近了看到她的毛孔又不美了，只有不远不近时，才是最美的。"他善于用古诗词解释复杂的遥感理论，谈到遥感的优势，李小文引用苏东坡《题西林壁》诗："横看成岭侧成峰，远近高低各不同。不识庐山真面目，只缘身在此山中。"讲到遥感的大气纠正，他引用"扬州八怪"之一的金冬心的诗："夕阳返照桃花坞，柳絮飞来片片红。"讲到自己的成名作《遥感几何光学模型》，他说其实就是韩愈《早春呈水部张十八员外》一诗中的"草色遥看近却无"——春草直生，远看绿色浓郁，但站到近处看，绿色就没有那么浓密了。

总之，每一个抽象的概念都需要打比方"稀释"其抽象程度，同时，打比方的内容，如"跑步机"、"碾米机"、"美女的毛孔"等等打比方用到的素材非常新鲜有趣，这样能够激发学生的学习兴趣，对优化教学效果实在是太重要了。

人教版高中《历史》（必修1）第二单元第6课《罗马法的起源与发展》，这课难度大，学生有时候难以理解罗马法形成的过程。这个时候就需要我们举例说明，以便学生掌握相关知识点。讲到罗马法由公民法向万民法发展时，我举了例子：

教师：古罗马大将凯撒进兵埃及，与美丽的埃及女王克丽奥佩特拉一见钟情,两人还有了一个私生子,当凯撒回国执政时,克丽奥佩特拉携子赴罗马相会,并向罗马法庭为自己和儿子申请罗马籍,请问法官会给克丽奥佩特拉罗马籍吗?为什么?

学生:不会。因为公民法适用范围仅限罗马公民。

教师:那么这种现象合理吗?

学生:不合理。

教师:怎么解决这个问题的呢?

学生:罗马帝国对各省上层人士大量授予公民权,3世纪初,罗马帝国境内自由民之间公民与非公民区别开始消失,公民法开始向万民法转变。

(湖南师大附中梅溪湖中学　成丽)

点评:

在教学中引用恰当的例子是让教学变得鲜活、生动、富有吸引力的重要方法。案例中的教学重点在于理解什么是公民法、什么是万民法,以及公民法如何向万民法转变,教师用克丽奥佩特拉和儿子获得罗马籍面临的问题以及如何解决这一问题为例子,清楚地说明了上述概念。

很多学生都感慨,很多教师讲课就是干巴巴地照本宣科。"干巴巴",这个词很形象,就像又干又硬的食物难以下咽,而善于举例子的教师和教学无疑会大受欢迎。下面是我的学生写的易中天如何讲曹操。[①]

"天下归心"这一集,易中天老师讲的是曹操的用人之道。易老师首先列举了曹操五个有名的谋士:荀彧、荀攸、程昱、郭嘉、贾诩,并指出他们都是从曹操对手的阵营中来投靠曹操的。易老师提出一个重要的问题:曹操究竟有怎样的本事能把对手阵营中的谋士吸引到自己的阵营

---

① 赵希斌:《听,学生在说:故事里的教育心理学》,华东师范大学出版社2015年,第42—43页。

里呢？易老师引用了郭嘉临终前对曹操的评价——曹操是一个"好老板"。曹操为什么是一个好老板，易老师一共列举了曹操用人的四个特点：知人善任，唯才所宜；推诚取信，用人不疑；令行禁止，赏罚分明；虚怀若谷，见贤思齐。

在讲每一个曹操用人的特点时，易老师都提供了大量的例子，从而让我们对曹操的用人之道有真切的理解。比如讲曹操"知人善任，唯才所宜"，易老师举了曹操给不同谋士分配不同的任务并得到很好效果的例子。讲曹操"推诚取信，用人不疑"，易老师先给我们分析了当时局势的险恶，以及当时曹操所处境地的特殊——"名为汉相，实为汉贼"，反映出曹操"推诚取信，用人不疑"的难能可贵。接着易老师举了于禁整顿青州军并被曹操表扬的例子，反映出曹操用人时对人的信任以及因此而换来的贤才对他的忠诚。讲曹操"令行禁止，赏罚分明"，易老师给我们讲了一个我们都很熟悉的例子——曹操割发代首——体现曹操治军的严明。讲曹操"虚怀若谷，见贤思齐"，易老师给我们列举了曹操打孙权时不听蒋济劝诫、把淮南的老百姓都迁移到北方去的例子，结果导致百姓都跑到孙权那儿去了，为此，曹操向蒋济做了检讨。

最后，易老师给我们总结出曹操用人的核心：洞察人性，洞悉人心。他说："曹操了不起的地方，不在于他的术，那些具体的做法，而在于他的道，在于他对人心、人性的透彻的理解和把握。"为了说明这一点，易老师给我们举了官渡之战后曹操将收缴的自己阵营的人与袁绍来往的信件全部销毁的例子，由此可见曹操的宽容大度，我想这也是曹操能拥有这么多忠心耿耿为他效劳的人才的原因吧。

由此可见，易中天讲的内容吸引人，一个重要的原因是他擅长举例子。能举例子首先表明教师肚子里"有货"，教师要有足够多的储备和积累。此外，这还显现了教师对所讲的抽象概念有了真正的理解，能将抽象概念与具体现实的案例关联起来，教师把这种关联展现给学生，自然有助于学生理解和记忆所学知识。

从具象到抽象，从经验到概念，这是人类认识事物的基本过程，基础教育中学生的学习也体现了这个规律。因此，教师在教学时的打比方就是将抽象知识"还原"到具象经验，当这些经验被学生理解，它所承载的抽象知识进而也被理解。例如，李白的诗"豪放飘逸"，杜甫的诗"沉郁顿挫"，不是先有这两个概念才有了李白和杜甫的诗，而是人们对李白和杜甫的诗进行赏评之后，才对二人的诗的风格做出如此的概括抽象。教师有必要让学生体会、赏析具体的李白和杜甫的诗，并且最好还要将二者进行对比，这样才能让学生真正理解这两个概念的含义，真正理解二人的文字风格。

再以物理教学为例，物理学科中的抽象概念非常多，而这些概念的根都是具体的现象，如"失重"、"惯性"、"做功"、"势能"等等。要想让学生真正理解这些概念，教师就需要给学生列举与这些概念相关的现象，这样才能让抽象概念扎根，让学生将经验和概念之间贯通起来。

❸

在教人教社高中《语文》（必修4）《声声慢》的时候，为了更好地理解这首词的思想情感，我在教学中设置了这样一个环节：要求学生认真思考，对比李清照在《醉花阴》和《声声慢》这两首词中所抒发的愁有什么不同。因为之前对两首词的内容情感已有所了解，所以这个问题对于学生来讲难度并不是很大，学生先是独立思考，而后分组进行了讨论，最终的讨论结果是：

（1）愁的内容不同，《醉花阴》表现了一个销魂的思妇对远方丈夫的相思之情，而《声声慢》抒发了一位茕独寡妇饱经国破家亡夫死的乱离之愁。

（2）愁持续的时间不同，《醉花阴》可能是一阵一阵的，而《声声慢》则是持续不断的。

（3）愁的味道不同，《声声慢》的愁是纯苦味的，是深沉的，而《醉花阴》里则应该掺杂了甜蜜、幸福的成分。

（4）愁的结果不同，《醉花阴》是有解的，等丈夫回来，愁就没有了，而《声声慢》的愁则是无解的。

在这个环节中，学生通过对两首词愁情的对比，对《声声慢》有了更深的理解。

（湖南师大附中　刘新民）

* * *

生物教学中学生要理解、记忆大量的知识，我尝试将知识进行概括归类，并以图、表的形式呈现，取得了较好的教学效果。

细胞的结构是中学生物的核心知识点，不同类群的生物，细胞结构有所不同，我将教材上典型的生物类群的细胞结构通过表格进行归纳比较。

生物名称	衣藻	草履虫	酵母菌	大肠杆菌	噬菌体
所属类群	植物细胞	动物细胞	真菌细胞	细菌细胞	病毒
细胞壁	有	无	有	有	无
细胞膜	有	有	有	有	无
细胞质	有	有	有	有	无
叶绿体	有	无	无	无	无
细胞核	有	有	有	无	无

（湖南师大附中广益实验中学　向阳）

 点评：

高—低，大—小，好—坏，忠厚—奸滑，清丽—艳俗，丰厚—贫瘠，善良—邪恶……学生学习中相当多的知识和概念都显示出两极性，以一个方面作为比较，就会对另一个方面形成更深刻的认识，这就是在教学中运用比较的价值。案例中语文教师通过两个作品的对比，让学生更清晰、更深刻地把握了作品的特点和内涵。生物教师将不同生物的细胞结构一揽子地呈现出来，这不仅让知识点更集中地出现，而且学生可以通过表格进行纵、横对比，在此基础上理解生物的结构与其功能是对应的,而且决定了其生存和繁殖方式。

王国维在《人间词话》中提出了"有我之境"和"无我之境",还提出了"隔"与"不隔"等概念,这就是对比中的一对范畴。周振甫提出了二十二体十一组作品风格:雅正、奇变、隐约、明朗、繁丰、简练、刚健、柔婉、清新、绮丽、严密、疏放、深沉、平易、空灵、朴实、高超、浅俗、豪放、谨严、弘畅、纤仄。① 这就是多个文学风格之间的比较,就像一个钻石有多个切割面,轻轻转动钻石就会闪烁光芒,教师在教学时也要把握一个事物的多个方面,通过这些方面的对比更好地把握事物的全貌。

比较在各个学科的教学中都是广泛存在的。如在前面"通"的部分,有一个物理教学的案例,教师将万有引力公式 $F=G\dfrac{Mm}{r^2}$ 与电学中的库仑定律 $F=K\dfrac{Qq}{r^2}$ 进行比较,指出二者的相通之处,学生在二者的比较中加深了对两个知识点的理解。英语教学中教师可对意思相近的英语单词的用法进行比较,对一句中文不同的英语翻译进行比较,对不同的作者同一主题的文字风格进行比较。历史教学中可对历次农民运动、政治经济改革进行比较,也可对一个朝代不同的君主进行比较。艺术教学中可对不同形式的作品进行比较,也可对某个画家不同形式的作品进行比较,还可以对这个画家不同时期的作品进行比较。总之,事物在对比中其内涵和特点能够被凸显出来,这是促进学生学习的一种非常重要的方法。

小　结

教学的一个重要任务就是要把需教授的内容给学生解释清楚,如何解释清楚呢?打比方、举例子、作比较是三个极为必要和重要的方法。

打比方:指教学中利用两种不同事物之间的相似之处作比较,以突出事

---

① 周振甫:《文学风格例话》,上海教育出版社1989年,第35页。

物的特点、增强说明的形象性和生动性的方法。打比方与比喻是一致的，不同的是，比喻修辞有明喻、暗喻和借喻，而打比方多用明喻和暗喻，借喻则不宜使用。

举例子：指通过列举有代表性的、恰当的事例来说明事物特征的方法。教学中为了说明学习内容的特征或本质，若只从道理上讲，学生不太容易理解，这就需要举些既通俗易懂又有代表性的例子来加以说明。

作比较：指将两种类别相同或不同的事物、现象等加以比较来说明事物特征的方法。在作比较的时候，可以是同类相比，也可以是异类相比；可以对事物进行"横比"，也可以对事物进行"纵比"。

总的说来，这三种方法在教学中都起到了桥梁的作用，桥梁的两端分别是：陌生的——熟悉的；困难的——容易的；抽象的——具体的；枯燥的——有趣。经过这样的桥梁，学习内容变得更加容易理解，新知识更容易"生长"在学生已有的认知结构中，并且学生的兴趣和学习积极性更能调动起来。

打比方、举例子、作比较，实际上是给学生创设了一个学习的情境，或者是提供了学习的素材，教师要考虑这个情境或素材的合理性。例如，在学习有关利率的知识时，如果教师给学生举例："不考虑其他因素，当物价上涨幅度高于银行存款利率时，你是选择存款还是消费？"这是一个看似真实的例子，但却有一个"不考虑其他因素"的前提，这显得非常矛盾。在解物理题的时候，经常会有"不计摩擦力和空气阻力"这样的提示，"不计……"的前提是这些因素对物理过程的影响非常小，小到可以忽略不计。而本案例让学生思考的内容："当物价上涨幅度高于银行存款利率时，你是选择存款还是消费？"只考虑了物价上涨和潜在的货币贬值这一个因素，实际上影响因素很多，如消费文化、社保制度（医保、养老制度等）、大宗消费的压力和紧迫性（如购房、大病、教育等），和这些因素相比，货币贬值反而是"可忽略的因素"。中国人的储蓄率居高不下，无论存款利率怎么降、物价怎么涨，人们就是不（敢）消费（与制度有关），崇尚节俭（与文化有关）。因为物价上涨，手中的钱明年可能买不到某件商品而决定消费,这不符合中国的现实。因此,这个案例设置的情境是有问题的,与现实的落差很大,这反而会给学生带来困惑。

下面是高晓松在网络节目《晓说》中谈中国的科举制度①,我们希望通过这个例子,读者能够对打比方、举例子、作比较有更深刻的认识,并且从中得出其对教学的借鉴意义。

由于科举制度绵延了一千三百多年,历经了那么多个朝代——每个朝代还不太一样,它对中国各种文化的影响极为深远。我就讲些有意思的科举的事以及我个人的一些想法。

统治者一开始其实并没想出考试这个办法,那时候他们是怎么想的呢?从汉朝开始他们就意识到不能再只让皇族管理国家了,就提倡"举孝廉",谁孝顺就让谁做官,因为孝和忠在他们眼里几乎是一样的。他们认为,你来管理这个国家,你首先得人品好。现在大家爱说"攒人品",在汉朝你得花好多时间攒人品,攒出人品来,才有人推举你,说你是我们这个县或者这个郡的大孝子,有很多有关孝顺的杰出事迹,比如"割肉喂妈"等。妈去世了,得守孝好多年,然后发展到大家比谁守孝时间长,最后就比谁给陪葬的东西多。所以"举孝廉"这个制度刚开始还可以,紧接着就发生了重大问题:大家为了比谁孝顺,耽误了很多事儿。比如说我为了孝顺,我妈去世我守孝十年,我爸突然又去世了我又再守十年,二十年黄金时光,都耗在这儿了。更严重的是,为了当官,大家就比着孝。国家当然没有具体统计,但是我看过一些材料,差不多国家三分之一的财富都埋到土里头去了,就为了比谁孝。最后谁得利了?盗墓的得利。盗墓的人很聪明,他一定要盗魏晋以前的墓,尤其是汉朝的墓,因为会有非常丰厚的陪葬品。因为陪葬品越多,大家就认为你越孝,然后就把你推举上去当官了。

---

① 高晓松:《千年科举那些事儿》,《晓说 II》,第二期(网络视频)。

"举孝廉"这个方法后来被发现不行,在汉末,曹操立了一功。曹操主张薄葬,说咱不能再那样了,再那样国家也别活了,生产出什么东西都埋土里了,所以后来陪葬品也少了,选拔官员的方式经过逐步演化,有了九品中正制,其实就是世家子弟当官。不比谁孝顺了,咱们就看谁受的教育比较好,那一定是世家子弟受的教育好,于是就变成几个大家族掌管整个朝政,满朝都是这几个家族的人。"王谢堂前燕"就是说的这样的姓王、姓谢的大家族。淝水之战,从宰相到将军都是谢家和桓家的。

后来觉得这个办法也不太靠谱,因为几个大家族统治国家,他们还不姓皇帝的姓,最后就要命了,搞不好就被篡权了。于是,到了隋朝,被称为中国历史上"最大的昏君"的人出现了,他就是隋炀帝杨广。其实这个人早年还是有雄才大略的,他开了大运河,还开疆拓土,中国隋唐时期广阔的国土面积相当一部分就是他奠定的。然后他想了这么一出:干脆咱们考试得了。于是从隋朝开始,正式有了科举制度。从此,中国就进入了一个上千年来选官相对公平的阶段。

……

古代科举不像考数学,别人告诉你一个答案,你把这个答案抄上就完了,那个时候第一个考的是"四书五经",你要对"四书五经"特别了解;第二个考的是策论,就是你对国家的某件事有什么观点,比如说怎么对付匈奴,怎么民族团结,如何拥军优属,等等,这些东西都没法抄。所以考生在号里面也挺自由,还能偶尔站起来串串门儿。

……

科举网罗了中国上千年来几乎所有的精英,但是漏网的也不是没有。黄巢漏网了,于是就起义了,打了一通,把长安占领了;洪秀全落榜了,于是他也闹了一通太平天国。……大部分落榜的,很少有变成黄巢、洪秀全那样的,落榜了就跟你拼了,因为都是文人嘛,所以最后变成唐伯虎了,这也是好事。大部分精英来到官僚体制里,少部分精英落榜了,就丰富了我们的文化事业。

李白是因为他爹是商人，所以跟着倒霉，就不能考。当然在今天令人费解，商人的孩子不就是富二代吗？富二代为什么不能考？……古时候的商人跟现在的是不能比的，今天商人的地位极高，连他儿子的地位都极高，而古时候是"士农工商"，知识分子地位最高，叫士，然后是农，然后是工，就是工匠，最后才是商，商人的地位最低。白居易那个《琵琶行》写一个青楼女最后老得没人要了，才嫁给了商人，而且"商人重利轻离别，前月浮梁买茶去"，所以商人作为社会底层，不被信任，在别人眼里都是奸商。欧洲古代也是，包括莎士比亚，一骂人就是"威尼斯商人"、犹太人，等等。李白不能考科举，后来他成了大诗人。

元朝刚开始的时候，汉人不能做官，因为统治者是蒙古人，所以蒙古人做官，蒙古人不够了，就从中亚调了一堆波斯人——当时叫色目人，来当官，郑和他们家就是色目人。色目人是元朝时对西域人的统称。汉人不能当官，于是又丰富了我国的音乐事业，毕竟得有收入啊，他们就改行写歌了，出现了关汉卿这些大音乐家。……唐伯虎才高八斗，考得非常好，他的考卷应该是解元卷，就是第一名的卷子，但是别人妒贤嫉能，觉得你这么年轻就考这么好，肯定有代笔，于是当年发生了"青年才俊唐伯虎被诬陷代笔案"。唐伯虎也没法自证说自己没代笔，也不是背下来的，是自己在现场写的。总而言之，他最后被诬陷了，本来是第一名，却被开除了。不过这样也好，进士太多了，并不缺唐伯虎一个，他却成为伟大的艺术家、大画家。张居正也是，第一次考，也考了第一名，湖广总督看到他的卷子，觉得此人未来一定是栋梁之才，但是现在太年轻了，磨炼不够，所以把他的卷子抽走了。意思就是说让他再磨炼三年，再来考，为了让他能更有男人劲儿，今后才能成为国家栋梁。结果这个湖广总督真的慧眼识人，过了几年，张居正再来考，又考中了，而且终成一代国家栋梁。

高晓松的这个脱口秀节目不能直接搬到课堂上来，但他为我们搭建了一个非常清晰的有关科举制度的框架，更重要的，其中的某些特点非常值得教师学习，他讲得"有血有肉"，因为里面有非常多的打比方、举例子、作比较，真正做到了旁征博引，正是这样的方式和内容，让我们体会到一段尘封的历史可以这么鲜活、这么生动。

动——让学生动起来

动：指给学生真正的任务，让学生面对真实的情境，在实践中学习。

要解决的问题：如何帮助学生面对实际问题和真正的任务，从实践中获得知识，增强能力。

以"案例学习"、综合实践活动为核心的"做中学"有望改变学生学习的被动状态和低效率，但这对教师提出了更高的要求：

（1）案例学习是值得教师掌握的教学模式。案例有两种：现象型案例和任务型案例。前者让学生利用所学分析各种现象，后者让学生利用所学完成真正的任务。选择好的案例至关重要，教师要控制好任务的难度，要选择学生感兴趣的案例，并且一定要记得：案例是为实现教学目标服务的，要让学生完成任务与实现教学目标这两方面高度匹配起来。

（2）综合实践活动要做好不同学科的统筹安排，要考虑时间的分配，同样要重视活动过程中教学目标的达成，在活动过程中给予学生及时、明确的指导，这种指导主要体现在"帮助学生做得更好"，而不是代替学生去做或直接告诉学生做法。

❶

讲授人教版高一《地理》（必修1）《洋流》一课时，我首先呈现了感动中国人物——翟墨——完成中国首次单人无动力环球航海的活动，然后提出问题：翟墨是如何完成无动力环球航海的？

首先让学生结合全球风带图动手绘制理想洋流模式图，然后投影展示学生代表绘制的模式图，并让学生分析讲解洋流的形成过程，以此提高学生的动手实践能力和语言表达能力。

接下来让学生讨论分析后得出结论：翟墨能顺利完成无动力环球航海，离不开对全球洋流分布规律的掌握。

然后分配学习任务：让学生小组讨论全球洋流的分布规律，并且组内派代表展示汇报讨论的结果。

最后，我给学生布置了一个虚拟的任务：翟墨将领航新一轮无动力帆船编队进行环球航海，要求途中必须依次经过四个站点，让学生分组探究设计最佳的科学线路（在学案中给出了四个站点的背景材料）。

整节课学生的学习积极性非常高，课堂气氛活跃，学生们积极地讨论、分析、绘制线路图，最后的成果展示也比较成功。本节课做到了热烈讨论、人人参与、大胆展示，学生不仅收获了知识，更重要的是收获了主动获得知识的方法和乐趣。

（湖南师大附中梅溪湖中学　彭雪峰）

 点评：

这是一个典型的案例教学的例子，给学生一个看似虚拟实际上很真实的任务——让学生为一次无动力航海规划线路图。学生要完成这个任务，必须经历知识的调取、筛选、分析、整合、尝试等过程，这就是"做中学"。这样的学习与被动接受知识最大的区别在于：学生发现要真正完成一个任务，需要关注很多细节，考虑很多问题，如果不亲手去做，只是听教师讲的话，很多东西是体会不到的。恰恰是这个过程成为学生独特的经验，给学生带来最真实的成就感。

1870年，美国哈佛大学法学院院长蓝德尔首次提出的案例教学法，现在在教育教学中得到极为广泛的应用。案例教学又称个案教学，是指教师通过呈现一个具体、真实的素材，引导学生对此进行分析，帮助学生从中获取知识、发现原理、掌握方法、提高能力。案例教学的价值在于它提供了一个真实的情境，学习和实践被整合在一起，学生有机会行动起来并且"做中学"，这既是获得知识的过程，也是各种思维包括理解、比较、分析、综合、评价、反思、创造等被充分激发的过程。

案例教学可以广泛地应用在每个学科的教学中：一是解释真实生活中的现象，二是解决真实生活中的问题。我们只要承认学生所学的知识与现实世界有关联，那么就可以也应该将知识置于真实的情境之中，这与本书第一辑的"用"是类似的。但案例教学与"用"也有不同的地方，案例教学中的案例往往具有很强的综合性，它不仅是知识直接的应用，还需要学生对情境进行分析，需要选择和平衡，可能还需要尝试，这对学生整合知识及综合能力的发展更有价值。

本节课的主要教学目的是研究葡萄糖分子的结构。

通过葡萄糖的分子式 $C_6H_{12}O_6$ 来推测其空间结构，要求学生动手将可能的结构在草稿纸上画出。各组完成后让学生上台展示，有的认为葡萄糖中有羧基、羰基或是醛基，甚至有个别同学认为分子中可能存在环状结构。

我要求学生设计实验方案，通过实验来研究葡萄糖分子的结构。

对于羧基的探究，学生提出了很多想法，这个过程中有积极的思考和讨论，师生互动充分，最后选择出一种大家公认的最好的方法——用紫色石蕊试剂来检验，通过实验发现葡萄糖并没有酸性，所以说明分子结构中并没有羧基。

到底是羰基还是醛基？又交给学生去设计实验方案，学生积极踊跃地提出了多种实验方案，最终选择菲林反应来验证。这次实验由学生们亲自动手完成，菲林反应的实验现象说明了葡萄糖分子中确实存在醛基而不是羰基，也同时排除了环状结构的可能。

有几组学生提出他们在进行菲林反应的时候发现了一个奇怪的现象——葡萄糖溶液碰到菲林试剂时，菲林试剂的蓝色加深了，变成了绛蓝色，这是为什么呢？这个生成性的问题提得非常好，说明学生已经真正进入了实验探究的状态，对看到的实验现象有积极的思考。通过资料分析发现，这是菲林试剂遇到多羟基的物质造成的，说明葡萄糖分子中存在多羟基的结构。

最后，葡萄糖分子中到底有几个羟基？如何确定葡萄糖分子中其他部分的结构呢？我让学生们自己想办法，通过小组合作探究的方式，让他们自由畅谈解决这个问题的方法。通过讨论，学生们认为核磁共振氢谱是最好的方法。由老师提供葡萄糖分子的核磁共振氢谱图，再由学生根据此图将葡萄糖分子的结构在草稿纸上尝试着画出来，检查是否与教材上的结构一致。

学生在得到葡萄糖分子式的过程中，有充分的脑动、心动和手动，并不是死板地接受知识，这样的学习过程调动了学生的学习积极性同时也提高了学习效率。

（湖南师大附中　刘冉旭）

 点评：

这个案例非常好！这非常像一个科研人员在进行一个真正的实验研究，其中不但需要知识技能，而且需要过程、方法，还需要缜密的思考，这就是"实战"。这样的教学真正促进了学生的可持续发展——学生在课堂上获得了超越知识的更重要的素养，而且这能够在学生未来的人生中发挥积极的作用。

在这样的课堂上，学生不但主动探求解决问题的方法，而且生成了进一步需要探究的问题，这样的问题最珍贵，因为它是从学生那里"生长"出来的！生发自己的问题、解决自己的问题，这是多么高效的课堂。

❸

班上有个学习小组根据《牛津高中英语》（高一上）模块二的单元主题进行了剧本改编。从 Boy Missing（走失的男孩儿），Police Puzzled（被迷惑的警察）到 Bigfoot and the Wild man of Shenlongjia（神农架的大脚印和野人），Adventure in Africa（非洲探险），再到 the Curse of Mummy（木乃伊的咒语），创作了一个个离奇而又有趣的故事，小组内的成员成为剧本中的角色。难能可贵的是，学生在作品中运用了大量所学的单词和表达，有些景色和人物的描写是从一些英文原著中提炼出来的，这样便增加了学生的课外阅读量。更为精彩的是，作品中很多对白都是学生原创的，令人捧腹。学生把作品交给老师，和老师一起润色，一起享受学习英语和创作的快乐。

英语是一门美丽的语言，只有在运用中才能体会英语的美。有一位同学在课前演讲时朗诵了一首诗歌 When You Are Old（当你老了），并配了精美的图片和音乐背景。声情并茂的朗诵让人感受到了英语的语言和意境之美。之后有些同学甚至自己去买英语诗歌集，研究起英语的韵律来，更有同学尝试用英语创作诗歌。这种兴趣的激发，是潜移默化的结果。

无论是写作还是口语，模仿都是创造的前提。中南大学外国语学院张龙宽教授曾经说过："好的英语是背出来。"写作如此，口语尤其如此。现在学生使用手机听歌和玩游戏居多，但是班上有些英语爱好者，下载一些英语配音软件，制作出了一些影视作品、名人演讲的作品，效果非常好。例如影片《泰坦尼克号》中，Jack 和 Rose 的对白。通过这些创作，学生体会到了英语发音的技巧，也更加乐意开口说英语了。

高中学习离不开合作，英语教学也不例外。现在的班级一般都会分为各种学习小组，这可以成为英语教学的有力助手。除了课堂的教学外，英语学习无处不在，因此我把学生按宿舍为单位布置课后任务：观看英美剧，并选择片段进行角色模仿。学生根据需要可以增加道具以增强实际的舞台效果。英语基础好的同学可以"能者多劳"，选择具有挑战性的角色，基础暂时差一点的学生可以分配一些比较简单的角色，如此一来，人人参与，既融洽了同学的关系，又实现了合作学习。

（湖南师大附中梅溪湖中学　邱文华）

点评：

第一和第二个案例是理科教学中利用所学知识解决实际问题，那么，对于文科教学——如英语和语文——如何体现让学生"做中学"，如何让学生动起来？这个案例给了我们一个答案：让学生发挥语言文字本身的重要功能——表情达意。

一个学生回忆她高中时的语文老师，有一天老师说以后课前抽出五分钟让全班同学轮流念一首自己写的诗歌。刚开始同学们对这项活动不感兴趣，敷衍了事，但有一天她写了一首大胆的、浪漫的情诗，得到了同学们的赞赏。从此以后，同学们"像是开了某个平时被隐藏的开关"，写诗、读诗、评诗变得异常丰富和精彩起来，每个同学都对这个活动重视起来，好好地花心思去写去改，学生们对这个活动的期待和喜爱与日俱增。这个学生写道："在每首诗歌中都感受到我们能感受到的，喜欢的东西，真是太幸福了。"①

"情动于中而形于言"，文学性的语言是用来表情达意的，教师让学生写诗、编故事、编短剧，这正是归根溯源找回了语言文字本初的意义和价值，而这也契合了青少年渴望获得情感共鸣、抒发自己的内心情感的需求。从这个角度来看，语言文字活起来了，触动了学生，学生在应用语言的过程中真正品味了语言、理解了文本。

❹

生物是一门非常注重实验的学科，学生要获得生物学知识，既要动脑，很多时候还要动手。让学生主动参与、主动探索、主动操作、主动体验，适当发掘"动"点，这将使生物课堂更精彩。

"DNA重组技术的基本工具"是人教版高中《生物》（选修3）专题一第

---

① 赵希斌：《听，学生在说：故事里的教育心理学》，华东师范大学出版社2015年，第63-64页。

一节的内容。基因工程是现代生物技术的核心内容，但基因工程是分子水平的研究，学生不可能通过实验获得直观的认识。倘若只是纸上谈兵，学生对DNA重组技术的基本工具在实际应用中如何发挥作用等抽象的内容很难理解。

可以利用模型建构的方法，通过模拟DNA重组过程，将具体的操作程序有机联系起来。我引导学生依据载体的特点，经过"剪"与"连"等操作建立模型，并分析操作结果，进行自主合作探究，加深对DNA重组技术的基本工具及其作用过程的理解，提高学生的认知水平和解决实际问题的能力。

活动：重组DNA分子的模拟操作

（1）用方框圈出两种"DNA分子片段"上EcoRI限制酶的识别序列，用↓标出切割位点。

```
TGATGTGTATC…GACATGCATTCGAATTCATCCAGGGATA…GGGTACGTTACGC
ACTACACATAG…CTGTACGTAAAGCTTAAGTAGGTCCCTAT…CCCATGCAATGCG
```

```
ATAACAGAATTCATGCTTCGACCCAGGCT…ACTCCGAATTCTAGATCCCG
TATTGTCTTAAGTACGAAGCTGGGTCCGA…TGAGGCTTAAGATCTAGGGGC
```

（2）判断两种"DNA分子片段"中哪种为"质粒"，哪种为"含目的基因的DNA分子片段"，并用"EcoRI限制酶"切割"质粒"和"含目的基因的DNA分子片段"。

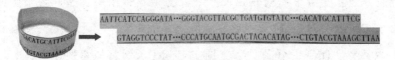

"质粒"的切割

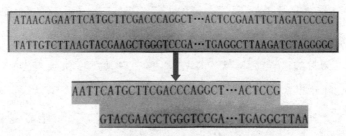

"含目的基因的DNA分子片段"的切割

(3) 讨论：若将酶切割后的"质粒"与"目的基因"混合，加入"DNA 连接酶"，会出现几种可能的产物？（不考虑 3 个或 3 个以上片段的连接）构建出可能的几种产物。

	"质粒"与"目的基因"连接		"目的基因"与"目的基因"连接
	"质粒"与"质粒"连接		"目的基因"自身环化
	"质粒"自身环化		

活动反思：用纸带模拟 DNA 分子，用剪刀模拟限制性核酸内切酶，用透明胶模拟 DNA 连接酶，将看不见的微观分子形象化，能让学生获得最直观的感受。在两种"DNA 分子片段"上圈出 EcoRI 限制酶的识别序列，有助于学生理解限制酶能识别双链 DNA 分子的某种特定核苷酸序列的特点；用"EcoRI 限制酶"切割"质粒"和"含目的基因的 DNA 分子片段"，有助于学生理解限制酶能在特定位点断开磷酸二酯键形成黏性末端的过程；用"DNA 连接酶"连接酶切后的"质粒"与"目的基因"，有助于学生理解 DNA 连接酶的作用过程，并能引导学生发现问题——除了"质粒"与"目的基因"的连接外还出现了"质粒"与"质粒"连接、"目的基因"与"目的基因"连接、"质粒"自身环化和"目的基因"自身环化等产物，怎样才能避免其他产物

的干扰呢？可继续设计后续活动来解决相关问题。

（湖南师大附中　朱昌明）

 点评：

　　这个案例呈现的知识，笔者和很多读者由于基础知识缺乏而无法看懂，但笔者本能地意识到这是一种好的教学方法。笔者在高中学生物的时候，遇到与 DNA 相关的知识就会觉得非常抽象和难懂，这种难懂同样还出现在物理、化学等学科中，用一个形象的说法就是"看不见、摸不着"，总觉得学的东西"没着没落"的。朱老师做得好，他让如此抽象的知识变得能看、能摸、还能操作，朱老师给了学生做的原料，让学生的"做中学"变得更有效。

❺

　　人教版《物理》（八年级上）"凸透镜成像的规律"一节既是重点也是难点，可是很多同学始终无法弄清凸透镜成像的性质与距离之间的关系，对生活中的透镜成像特点的理解仅仅停留在简单的文字层面。为了解决这一问题，我在上完"生活中的透镜"这一节内容后布置了一个课后探究活动：试着动手制作照相机、投影仪、放大镜。

　　同学们的设计大大超出了我的预料，一个同学设计了一个魔镜（如图示），在一根 PVC 管的末端用锯子锯了一条细槽，用来放印有文字或图案的小纸片，在管中间的不同位置锯了几条比较大的槽，可以插放凸透镜，结果在不同位置插放凸透镜时依次出现了照相机、投影仪、放大镜的成像特点。这使得学生在理解凸透镜成像的性质与距离之间的关系这一难点时非常顺利。

（湖南师大附中博才实验中学　潘一岢）

点评:

学生很多时候学习被动、对学习丧失兴趣,一个重要的原因是他们没有机会与所学的知识亲密接触、有效互动。案例中的学生设计、制作出这个"魔镜",说明他完全理解了所学的知识,而且他把所学的知识用这样一种方式展现出来,这会给他带来巨大的成就感。

我们看一下美国获得诺贝尔奖的大物理学家费曼小时候的生活和学习:[①]

  我十一二岁时,就在家里设立了自己的实验室。实验室的设备很简单:在一个旧木箱内装上间隔,外加一个电热盘,其他的设备还包括一个蓄电池、一个灯座等。灯座是自制的,我跑到平价商店买了一些插座,钉在一块木板上,再用电线把它们连接起来。我早就晓得靠着并联或串联等不同连接方式,你可以让每个灯泡分到不同的电压。当灯泡全部串联在一起时。它们会慢慢地亮起来,那种情形美极了!

  我造了一个防盗铃。其实它的结构很简单:我只不过用电线把一只电铃和蓄电池接起来而已。如果有人把我的房门推开,房门会把电线开关推到蓄电池上,把线路接上,电铃便响起来。一天夜里,爸妈很晚才回家。为了怕吵醒我,他们小心翼翼地打开我的房门,想走进来替我把耳机拿下。突然之间铃声大作,我高兴得从床上跳起来大叫:"成功了!成功了!"

  我经常在慈善游园会上买一些收音机。我没有多少钱,好在它们也不贵,这通常都是人家捐出来的破旧收音机,我买来之后,就设法把它们修好。而收音机的损坏原因也往往很简单,像电线没接好、某个线圈损毁了或没有绕牢等,因此有些一修就灵。有一个晚上,我在其中一部修好的收音机上,居然收到远在德州瓦哥市(Waco)的电台播音。那一

---

① (美)费曼:《别闹了,费曼先生》,三联书店出版社1997年,第3-4页。

刻，真是有说不出的兴奋！

一个大科学家小时候就是这样"做中学"的，这引发了他无限的兴趣与成就感，并且获得了多方面能力的发展。我们多么希望在中小学教育教学中，教师能引导学生动起来，学生能有机会在操作、实践中学习。

❻

2014年10月29日，一场别开生面的"发酵食品DIY"品鉴会在湖南师大附中博才实验中学博艺楼二楼举行。

室内体育场中，24个"柜台"环形排列，八年级24个班级的"发酵食品DIY"兴趣小组同学，依次在各自的柜台前，展示自制的葡萄酒、甜酒、酸奶、泡菜、面点等发酵食品，他们热情洋溢地进行介绍和推荐，邀请评委和嘉宾品尝，接受检阅和评价。评委们在认真听取介绍和仔细品尝后，拿起手中的彩花给自己最中意的队伍投票，整个大厅中洋溢着欢乐和笑声。最后，分别评出"最佳创意奖"和"博才好味道奖"。全校100多位老师和部分家长代表参加了活动，品鉴会在热烈的气氛中落幕。

发酵食品的制作一直是附中博才生物教研组的"传统项目"，自建校以来，该项目经过了一系列的改进：从最初在几个班试点，到后来在全校推广，再到今年主办首届"发酵食品DIY"品鉴会，经历了一个不断改进、创新的过程，得到了学校各个方面的大力支持，本次品鉴会还吸引了省内多家有影响力媒体的关注。

发酵食品在我们的生活中占有重要的一席之地，我们几乎每天都能接触到的酒（米酒、甜酒、啤酒等）、腐乳、酱油、醋、泡菜、酸奶、面点等传统食品，都是人类利用细菌、真菌制成的，聪明的中国人早在三千多年前就会酿酒了。人教版《生物》（八年级上）"人类对细菌和真菌的利用"的知识来源于生活，而且还有深厚的中国文化底蕴，学生能在实践中感受微生物的神奇，体验知识变成美食的快乐，认同中国文化的博大精深。除此之外，学生在活动过程还能增强团队合作意识，提高动手操作能力，当他们把辛苦制作的美食呈现在大家面前时，还能体会到父母抚育的辛劳，感恩父母的付出。品鉴会的举办，就是对孩子们学习、实践、感恩过程最好的记录和肯定。

这项活动也是附中博才生物教研组的湖南省教育科研"十二五"规划课题《初中生物课外实验与实习课程资源的开发与利用研究》的一个小项目。在该课题的指导下，生物教研组开展了校园小农夫种植活动、植物识别与标本制作活动、解剖各种菜花和野花、种植一种植物、养殖一种动物、生物模型制作活动、周末挖蚯蚓和养殖活动、暑假野外科学考察活动、厨房中的生物科学等30多项课外实验和实习活动，其中一部分活动在市、省乃至全国都产生了一定的影响。

培养学生的"自主学习能力和习惯"是我校教学的一个重要特色，生物教研组的研究注重学生"做中学"，而不是仅仅让学生局限于文本的学习，在实践中培养了学生可持续发展的能力，对学生一生的发展具有积极的意义。

（湖南师大附中博才实验中学　方田根）

 点评：

这就是真正的综合实践活动。2001年的课程改革提出要设立和加强综合实践活动课程，这是为了体现多学科知识天然的关联，更是为了给学生实践的机会，让他们可以利用所学知识解决综合的、实践性的问题。在这个案例中，生物和化学作为两门主干学科，两门课程的知识被整合起来。要办好这场"品鉴会"，还需要文字解说、海报设计，这就将语文与美术的知识也整合进来。完成这样一个活动，还需要师生合作、生生合作，需要学生面对多个环节的任务，这能有效地提高学生的实践能力。

这样的活动不禁让我想起近年引起轰动的优秀纪录片《舌尖上的中国》，还有BBC出品的《电的故事》，观众通过影片了解了非常丰富的知识，获得了极高的审美体验，同时还有价值观层面的震撼。这样的作品就是科学、价值观与艺术的综合体，而完成这样的作品就是一项综合实践活动。

我们的学生未来走入社会，他们也会面临真实的、综合性的情境，他们需要在这样的情境中解决问题、完成任务，因此，在学校教育教学中加强综合实践活动，能够让学生为未来的生活更好地做准备。

小　结

美学大师朱光潜指出："人生来好动，好发展，好创造。能动，能发展，能创造，便是顺从自然，便能享受快乐，不动，不发展，不创造，便是摧残生机，便不免感觉烦恼。"瑞士心理学家皮亚杰认为，"个体的发展实际上就是练习、经验、对环境的作用等意义上的大量活动的产物"。美国教育家杜威认为，"做中学"是教育的基本原则，教学过程应该就是"做"的过程。儿童生来就有一种要做事和要工作的愿望，对活动具有强烈的兴趣，对此要给予特别的重视。"做中学"也就是"从活动中学"、"从经验中学"，它使得学校里知识的获得与生活过程中的活动联系了起来。

这三位大师对教育教学有一个共同的期许——让学生"动起来"！

在实际的教育教学中，我们会发现很多学生对待学习消极被动，甚至以厌烦的心情面对学习。为什么会这样？因为学生的学习是被动的——他们无法主动地去接触知识以获取最真切的体验，也无法运用知识去解决真实的问题，知识成为外在的、冰冷的、无用的东西，学生每天都要学习，却觉得所学的知识是那么陌生。

让学生动起来与让学生安静地听讲对教师来说是一个挑战，将考验教师的活动设计与调控能力，尤其需要指出的是，让学生动起来一定要紧扣教学目标，否则很有可能在看似热闹的活动中迷失真正有价值的学习目标。

例如，有一节英语课公开课 Birthday Food Around the World，教师在本节课的最后一个环节设计了一个小组活动：

T: If you are a king of a new country (your group), what food would you like your people to eat on their birthday? Why?（如果你是一个新的国家的国王（你们的小组），在他们过生日时你会介绍什么吃的东西给他们？为什么？）

S1：Hello, everyone, I am the king of _____.（国家名称）（你好，各位，我是_____国家的国王。）

S2：In our country, people eat _____ on their birthday.（在我们国家，人们在过生日时吃_____。）

S3：Because we think _____ is/are the symbol of _____.（因为我认为这种事物是_____的象征。）

S4：If you _____, you will _____。（如果你_____，你将_____。）

老师给每个小组发一大张纸，给小组成员明确分工，每个人都要发言，然后记录员写出小组作品，绘图员配上图画，监督员监督不能讲中文，最后要由发言人展示小组作品。交代完要求后，A老师刚说出指令"No pains"，学生马上回答"No gains"，然后单数行的学生迅速把桌子翻转过去和双数行的学生的桌子紧靠在一起，开始激烈讨论。在小组活动中，有的学生讲得风趣幽默，逗得其他孩子前俯后仰；有的监督员听到中文会大声制止："No Chinese, speak English!"整个活动感觉活泼而有序。在小组讨论的过程中，A老师亲切参与，排除学生讨论障碍，鼓励学生合作学习。讨论结束后，所有小组的作品都由孩子们自己送上讲台，在黑板上展示出来，再由其他小组的成员交叉检查订正，最后随机抽取小组上台表演。

另外一节市级的公开课，内容是人教版《英语》（八年级上）4单元的What's the best movie theater（什么是最好的电影院），老师用电影片段导入，并充满激情地对学生说"Welcome to Gaoxin Movie Theater（欢迎来到高新电影院）"，营造出一种身在电影院的氛围，极大地吸引了孩子们的注意，而这种氛围一直贯穿始终。老师巧妙地将语法知识点"用所给的形容词的最高级词造句"融入游戏环节，设计了"砸金蛋"的活动。老师给出八部电影，让小组代表选择他们小组最喜欢的一部电影，选择后用所给的词造句。游戏规则是：如果答案正确，小组将得到一个金蛋，每个蛋里面都有不同的礼物。

礼物一：小组得 1、2、3、4 或 5 分不等。

礼物二：小组得炸弹一个，所有得分清零！

礼物三：小组得一名"小偷"，将从对方组偷来 2 分。

礼物四：小组得到与对方小组互换分数的机会。

游戏新奇有趣，并不是答对了就能得分获胜，而是充满了戏剧性，最终的结果有可能胜负完全颠覆！所以孩子们摩拳擦掌，跃跃欲试，兴奋不已，完全乐在其中，教学效果非常好！

但是，这两节英语课存在同样的问题——形式大于内容——这也是当前很多课堂教学中存在的问题。

第一个案例中教师要求学生掌握的知识非常简单，却使用了很耗费时间、相当复杂的教学形式，学生画画让其他学生猜，这种游戏的方式对英语教学来说是很低效的。第二个案例设计了相当复杂的游戏任务，学生的注意力可能更多地被游戏和奖品吸引，反而忽视了要学的东西。这么设计是为了调动学生的积极性，这可以理解，但学生的学习时间是非常有限的，调动学生学习兴趣不能以牺牲教学效率为代价。

本书中的十个优质教学的标准显示，教师如果在这十个方面做得足够好，就不需要用这种近乎游戏、玩乐的方式调动学生的兴趣，因为富有挑战性的学习及其成果一样有趣，而且能让学生获得成就感。增加教学的趣味性，其根本目的是为了更好地促进教学目标的达成。

趣——乐趣、兴趣、情趣

趣：指富有乐趣地教学，激发学生的兴趣，让学生感到轻松、愉悦。

要解决的问题：如何让学生轻松愉悦地学习，在学习中感受乐趣乃至获得美的享受。

教师可从以下几个方面着手让教学变得"有趣"：

（1）让学生体验感官之乐。通过幽默的话语、有趣的现象，让学生开心、轻松、愉悦。

（2）让学生体验思维之乐。通过巧妙的教学设计，激发学生的好奇心，引发学生主动学习和探究的兴趣。

（3）让学生体验心灵之乐。这是最高级的乐趣，在轻松愉悦中获得美的体验，获得"富有哲理的人生之享受"（钱穆语）。

❶

我在讲人教版《历史》（八年级上）第16课《血肉筑长城》时，引用了这样的素材：

> 1945年重庆谈判期间，中苏友好协会举办一次酒会，邀请国共双方代表及各报社记者参加。席间，一位国民党方面的记者说："我出个谜语给大家猜。谜面是'日本投降的原因'，谜底是'我国古代一人名'。"结果出现了几个谜底："屈原"、"苏武"、"蒋干"、"毛遂"、"共工"。大家知道这些古代人名背后所代表的历史意义吗？

学生充满好奇和期望地看着我，同时也在努力琢磨这些人名的含义，还有些学生在小声地议论。我向学生呈现了答案：

屈原——指日本屈服于美国投下的两颗原子弹，认为中国抗战胜利的最大功臣是美国。

蒋干——蒋介石政府正面战场组织抗战的结果，认为国民党是抗战胜利的主要原因。

苏武——苏联红军出兵东北，一举击溃日关东军，认为抗战胜利归功于苏联。

毛遂——认为是毛泽东领导的抗日武装坚持敌后抗战的结果。

共工——认为中国抗战胜利的原因很多，是各个方面共同努力的结果。

❷

教学人教版高中《语文》选修《中国古代诗歌散文欣赏》第四单元《庖丁解牛》时，为了激发学生的学习兴趣和求知欲望，我把武侠小说中的若干招式整合到教学中。

武侠小说中有很多武功招式，如降龙十八掌、独孤九剑等等，各种招式变幻莫测，令人目不暇接。许多同学酷爱武侠小说，各种武功招式的名称信手拈来。在本文中，庖丁的解牛技法已达到了出神入化的地步，我将庖丁的"解牛之技"命名为"丁氏刀法"，让学生通过自主学习以及合作探究的方式，逐句为丁厨师拟定他的刀法名称，并为"丁氏刀法"确定总纲。在这个过程中，要想准确地为刀法的每个招式命名，就必须弄懂文章每一句甚至每个词的意思，并进行归纳和抽象。这有利于同学们充分调动思维，也可以引导出他们的各种奇思妙想。最后，我和学生们一起总结出了"丁氏刀法"：

【刀法之魂：刀中有道】

庖丁释刀对曰："臣之所好者道也，进乎技矣。"

【第一式：目无全牛】

始臣之解牛之时，所见无非牛者。三年之后，未尝见全牛也。

【第二式：人牛合一】

方今之时,臣以神遇而不以目视,官知止而神欲行。

【第三式:乘虚而入】

依乎天理,批大郤,导大窾,因其固然。

【第四式:分筋错骨】

技经肯綮之未尝,而况大軱乎!

【第五式:游刃有余】

彼节者有间,而刀刃者无厚。以无厚入有间,恢恢乎其于游刃必有余地矣,是以十九年而刀刃若新发于硎。

【第六式:以柔克刚】

虽然,每至于族,吾见其难为,怵然为戒,视为止,行为迟,动刀甚微。

【第七式:迎刃而解】

謋然已解,如土委地。

【第八式:笑里藏刀】

提刀而立,为之四顾,为之踌躇满志,善刀而藏之。

(湖南师大附中　李钊)

 点评:

第一个案例很有趣,透着些许机智。案例提到的这五个人都是中国历史上大名鼎鼎的人物,有的来自神话传说,有的是历史上的真实人物,背景极为殊异,却巧妙地融合在了一个问题之中。这是非常值得琢磨的,会给学生留下极为深刻的印象,学生顺带着也对相关的知识有了很好的理解和牢固的记忆。需要指出的是,用这种"凑巧"的方式呈现知识要做到贴切,避免庸俗、肤浅、牵强,否则有趣将变成无聊。

第二个案例的水平很高,机智中闪烁着智慧。教师和学生一起"创造"了若干招式,而这些招式是从课文中的多个句子中抽象出来的。这个抽象的过程很关键,让学生有机会深入理解了课文中的文句。武侠小说是青少年喜欢的内容，武术招式让学生激动又向往，如此的教学方式必定深受学生欢迎，能够充分调动学生的学习能量。

❸

人教版《英语》（七年级下）Unit 11：How was your school trip？文中出现了一些过去式短语，如：went for a walk，milked a cow，rode a horse等，单纯地讲解会让学生觉得沉闷枯燥，老师将《爸爸去哪儿》这个节目的大小嘉宾们"请"进了课堂。

T：Where did they go last weekend？（上周他们去哪儿了？）

S：They went to the farm.（他们去了农场）

T：What did they do on the farm？（他们在农场做什么了？）

学生熟悉了这些基本句型之后，再让学生看图片，结对进行问答，交流电视节目中的嘉宾都做了些什么。

S1：What did Angela do on the trip？（Angela做了什么？）

S2：She rode a horse.（她骑马了）

S3：What did LuYi and his baby do？（陆毅和他的孩子做什么了？）

S4：They went for a walk.（他们去散步了）

……

（湖南师大附中高新实验中学　王敏）

 点评：

这个案例具有双重价值，首先，在真实、贴切的情境中让学生熟悉和掌握英语的过去式的用法；其次，这是一个对学生来说有趣的、富有吸引力的情境，学生喜闻乐见。《爸爸去哪儿》是当下一档非常火的节目，尤其受到青少年的喜爱，在这样的情境中学英语，学生自然能够饶有兴趣地投入精力，学习效果自然会很好。

❹

在人教版高一《化学》（必修1）第三章第一节"金属钠的性质"教学中，我用"魔术——滴水点灯"激发了学生兴趣。教学过程如下：

教师：在生活中，我们要点燃酒精灯都要用到火，那么不借助火是否也可以将酒精灯点燃呢？大家见过用水点燃酒精灯吗？

学生（七嘴八舌、惊奇）：没有。

教师：那么下面见证奇迹的时刻到了，请欣赏魔术——滴水点灯。

演示实验：教师事先在酒精灯灯芯中放一小块钠，然后滴几滴水，过了几秒钟，可以看到酒精灯灯芯冒烟，然后燃烧起来。

学生感到非常神奇，不可思议。

教师：水竟然也能点燃酒精灯，这其中有什么奥妙呢？

接下来顺势轻松自然地引入新课内容——金属钠，学生在教师幽默的教学语言和新奇的实验现象的刺激下，学习兴趣浓厚，学习效果好，课堂教学氛围开放、活跃，课堂充满乐趣。在实验过程中也可请一位同学上台亲自倒水给教师，这样做有两个好处：第一，让学生参与其中，加强与学生的互动；第二，有的同学可能认为水中加入了某种物质，这样可以排除这一疑点。

（湖南师大附中梅溪湖中学　彭焜）

 点评：

案例中的魔术显示了化学这门课典型的特点与魅力——物质生成、颜色显现、烟雾升腾、热量散发、水火交融……这些都会让学生感到非常神秘，激起他们的好奇心和探究欲望。

每个学科都有自己独特的魅力，教师要能抓住并凸显学科中的"兴奋点",这需要教师对所教的学科有深刻的理解,能够真正品味学科知识的妙处。

笔者曾经在给学生讲"回归建模"的时候引用了一个案例:

中国是一个人情社会,婚礼随份子是每个人都无法避免的。可是份子钱随多少呢?这与所在地区、酒店档次、参加人数、交情等诸多因素有关,还真是让人头疼!

笔者问学生:"怎么解决这个有点麻烦的问题呢?"

学生被这个真实有趣的问题吸引,开始认真地思考。

笔者给学生呈现了一个表格,这个表格是台湾的"有心人"经过调查总结出来的不同情况下随的份子钱(很像公交车上根据不同站点、距离而设定的计价表)。我看到学生松了一口气——根据地区、酒店档次等各因素找到相应的份子钱就可以啦!

笔者提醒学生,这个表格总共对应了300种情况!找起来不但费时费力,而且还要计算一番,有没有更好的办法呢?这真是一波三折,笔者看到学生内心的期待和好奇已经难以抑制。笔者给学生呈现了一个公式:

红包等级 = (-34 + 3 × 地区 + 17 × 人数 + 7 × 交情 + 4 × 餐厅等级) /6.5 (5类地区、5种餐厅等级、3种参与人数(不出席、1人、2人)以及4种交情关系)

笔者说:"这个够酷够方便吧,只要把4个参数代进去就可以啦!"学生们惊讶地睁大了眼睛,这居然可以弄出一个公式来?

笔者告诉学生,这是一个台湾人用数学方法做出的一个"红包模型"![1]学生诧异的表情告诉我,这实在是太有趣,也太不可思议了——红包包多少可以搞一个数学模型?!

不用学生提问,笔者就知道他们心里的问题——这个模型是怎么搞出

---

[1] http: //mp. weixin. qq. com/s? _ _ biz = MjM5ODI1OTU2MA = = &mid = 206527805 &idx = 1&sn = 3c38348a156477ef8693acf97acc79ce&scene = 1#rd

来的?

笔者对学生说:"这个模型是用数学上'回归'的方法做出来的。下面,我们就来看看这个台湾人如何用回归的方法做出的'红包模型'。"

这就是数学里让学生兴奋的"点",显示了数学的本质和力量——对现实世界的抽象。这是一种有趣味的力量,能够牢牢地吸引住学生。

再举一个语文的例子。教师如果给学生讲中国古诗的"炼字",可以呈现这个故事:

一天晚上,云淡风轻,苏轼和黄庭坚对月赏梅。苏轼的妹妹苏小妹走过来,笑着说:"我有一联,只是有两个关键字未找妥,想请教你们。这一联是:轻风细柳,淡月梅花。"黄庭坚稍一思索,便回答道:"轻风舞细柳,淡月隐梅花。"

此时教师可以问学生,你们觉得黄庭坚这个大诗人的"舞"和"隐"用得怎么样?一定有不少学生会说用得不错。教师可以告诉学生:"苏小妹不满意,而且说这两个字用得'俗'!"学生此时定会感到惊讶、不解。

苏轼这个大诗人出手了,他说道:"轻风摇细柳,淡月映梅花。"

教师可以问学生,你们觉得"摇"和"映"用得怎么样?有了前面的经验,很多学生此时一定不会明确表态了。教师可以告诉学生:"苏小妹还是不满意!而且她的评价是'太俗了'!"

此刻学生一定已经急不可耐了,教师接着说,黄庭坚着急了:"加何字为妙,愿洗耳恭听!"这个苏小妹,她到底要两个什么字?

教师此刻要停顿一会儿,在学生屏气凝神的时候,教师告诉学生,苏小妹笑着轻轻吟道:"轻风扶细柳,淡月失梅花。"

这样的教学,显示了语文教学中能让学生兴奋起来的一个"点"。这个点有强烈的语文色彩,是重要的语文素养的体现——炼字。这么有价值的语文学习放在一个美好的、吸引人的历史故事中,就从有趣升华到情趣,即让学生在轻松愉悦中获得美的体验。

❹

中学英语语法教学往往十分枯燥乏味,为了让学生体会语法在交际中的作用,我经常会用心设置一些故事情境或话语情境,选取一些合适的例子来加强交际性、形象性和趣味性。下面是我的一个课堂教学片段:

讲解 either... or... 作为连词连接两个句子的用法时,引用拿破仑征战中的英文小故事:拿破仑经常按顺序问他的士兵三个问题:"How old are you?"(你多大了?)"How long have you been in my army?"(你在我的军队多久了?)"Did you serve in my last two campaigns?"(你是否参加了我最近的两次战役?)一名瑞典士兵由于不懂法语,便按顺序记下了三个回答:"Twenty-three,Sir."(23岁,长官)"Three months,Sir."(三个月,长官),"Both,Sir."(都参加了,长官)。不料检阅那天拿破仑问瑞典士兵的问题却换了顺序,因此有了矛盾高潮:

"How long have you been in my army?"(你在我的军队多久了?)

"Twenty-three,Sir."(23年了,长官。)

"How old are you?"(你多大了?)

"Three months,Sir."(三个月了。)

"Either you are mad, or I am."(要么你疯了,要么我疯了!)

"Both,Sir."(我们都疯了,长官!)

通过一个短小的故事,引出目标句型:"Either you are mad, or I am."讲述过程中我将肢体动作、面部表情、音调相结合,使故事情节一步步推进,同学们的注意力被故事深深吸引,不时被情节逗乐,到最后哄堂大笑。课堂气氛轻松活跃,同学们对这个句型印象深刻,牢牢地记住了这个句型。

(湖南师大附中 尹一兵)

 点评:

如果前一个案例因"兴奋点"而引发学生的兴趣,那么这个案例则显示了激发学生兴趣的"爆点"——令人印象深刻、极富冲击力的信息。如果让我们描述一个亲密的人、一处美丽的风景、一道难忘的美食，我们最先想到的往往是与其相关的几个片段，这些片段对我们来说最有意义，给我们最深的感动，在我们的脑海中的印象极为深刻。同样，一个一夜间风靡大江南北的电视小品，人们耳熟能详、津津乐道的往往是其中的几句"名言"、几个小段子，这很像传统相声中的"抖包袱"：

甲：最近，有家工厂的货卖不出去了。

乙：工厂的货还有卖不出去的？

甲：没人要。

乙：什么货？

甲：帽子。

乙：我要！我正好没帽子。

甲：那帽子可大。（一番）

乙：帽子大点戴着痛快。

甲：分量重。（二番）

乙：那戴着多暖和啊！

甲：你戴上受不了。（三番）

甲：戴帽子有什么受不了的？我受得了。

甲：戴上可就摘不下来了。（四番）

乙：什么帽子？

甲：反革命帽子。（五抖）

教师可细细琢磨这种"抖包袱"的绝活儿，让教学起波澜、增趣味。这个案例中，教师给学生呈现了一个经典笑话，经过若干对话的铺垫，这个笑话的高潮和爆点出现在最后两句——"Either you are mad, or I am."和"Both, Sir."这个爆点如此强烈和鲜明，我想学生一辈子都忘不掉这个英语句式。因此，教师要学会在教学中安排爆点，会"抖包袱"，以此挑动、激活学生的兴趣，借助爆点传递强烈、丰富的信息，发挥其穿刺作用，给学生留下深刻的印象。

❺

人教版初中英语教材的阅读部分收录了大量有故事情节的文章，从八年级上册开始，阅读文章难度增强、篇幅加大，力求与高中阅读无缝对接，这样对于初中英语教师而言，阅读教学的难度可想而知，如何选择阅读教学方法或者说如何创造出学生感兴趣的阅读教学方法是我们面临的挑战。

我在教授七年级一篇题为 A Weekend to Remember（难忘的周末）的阅读文章时先让学生听了两遍录音，然后分学习小组讨论，理解文章大意，接着引导学生建立一个 Mind Map（思维图），要学生用简笔画画出自己脑海中的思维图，并将思维图中每个环节（情节）用文中的词汇、短语或新学的表达做好标记，最后学习小组讨论定稿，每个小组派 1~2 名同学上台展示自己的思维图并根据思维图复述文章。这种通过建立思维图来学习英语的教学方法我还用在"问路"、"看病"、"谈论暑假生活"等各种话题和情景表达中，效果甚佳。下图是学生在课堂上创作的部分思维图。

（湖南师大附中广益实验中学　段竺君）

点评：

"兴趣是最好的老师"，段老师遵循语言学习需要多感官刺激的规律，除了让学生读，也让学生画，还让学生思，构建了语言学习的"立交桥"。日常生活中，我们在理解、解释某个内容感到困难时，会用手势、比划、简图的方式作为辅助，段老师鼓励学生用图画的方式对复杂的英文故事进行概括，这有助于提高英语阅读的有效性。同时，图画不仅能表达故事的梗概，还可以显现抽象信息，如通过姿势和表情表现人物的情绪情感，通过景物表现故事的背景和氛围等等。

需要指出的是，不能把英语课上成美术课，还要考虑到部分学生绘画能力不足，可能无法有效投入这样的学习。因此，教学时不必要求图画的精美，而应强调以突出故事梗概、关键信息为绘画的目标。此外，要考虑绘画在时间上的投入，可让绘画水平高的学生在课下绘制思维图，在课堂上通过投影呈现，让学生看图说故事，或在图上标注关键文本信息，从而成为支持全班同学进行阅读的辅助材料。学生还可以对思维图提出修改建议，绘图的学生下课后润色修改，达到较高质量后汇集成册，从而成为一份正式的英语阅读"辅助绘本"，这将成为真正的"寓教于乐"。

小　结

语言学家、教育家吕叔湘说："有一个口号，叫做'先生苦教，学生苦学'。都是苦，那怎么行？我们做事要感到有乐趣，如果不是精神愉快而是愁眉苦脸地在那儿教，愁眉苦脸地在那儿学，效果决不会好，情绪不对嘛。"

孔子："知之者不如好之者，好之者不如乐之者。"荀子是诸子中又一位积极提倡乐学乐教的教育家。他说："夫乐，乐也。人情之所不能免也，故人不能无乐。"荀子认为追求快乐是人的本能，对于一个未成年的孩子，学习又怎能无乐呢？

保加利亚心理学家洛扎诺夫说:"处于轻松、快乐的心理状态最有利于激发个人的记忆力,此时人接受信息的能力最佳,思维力最强,学习效果也最好。"① 苏霍姆林斯基说:"如果懂得认识的欢乐和取得成绩的欢乐,那么求知的愿望将永远伴随着他的学习。"② 从实际的教学来看,美国的保罗·韦迪曾根据他收集的9万封学生来信概括出好教师的12种素质,其中之一就是要具有幽默感。因此,让教学变得有趣,让学生感受学习的乐趣,这不仅是优化教学效果的手段,其本身也是重要的教学目标和教学成果。

总的看来,"趣"有三个层次:

第一,乐趣。《吕氏春秋》中有一段话:

> 心弗乐,五音在前弗听;五色在前弗视;芬香在前弗嗅;五味在前弗食。欲之者,耳目鼻口也,心必乐,然后耳目鼻口有以欲之。人之情,不能乐其所不安,不能得于其所不乐。人之情,不能亲其所怨,不能誉其所恶,学业之败也,道术之废也。善教者则不然。视徒如己,反己以教,则得教之情矣。所加于人,必可行于己,若此则师徒同体。

这段话说得特别好,深刻地说明了"学习始于快乐":如果学生在学习中不快乐,他的感官就"封闭起来了";而学生一旦感受到了快乐,各种感官就会被"积极动员起来",学习效率将大大提高。

在历史课上教师问学生:"为什么至今美国都没有一个女总统?"学生自然会从政治、经济、文化、人权等方面对此进行思考,但教师可以回答一句:"因为美国法律规定只有36岁以上的公民才有资格竞选总统,可是没有一个美国女性愿意承认自己的年龄在36岁以上。"学生们一定知道这是不合逻辑的,他们一定会笑起来,但恰恰是这个逻辑错位让学生深刻记住了美国竞选总统的年龄规定,也让学生感受到在西方女士的年龄是多大的秘密,打听女士的年龄是多么不礼貌的事情。

---

① 转引自卢家楣:《情感教育心理学》,上海教育出版社1993年,第24页。
② 苏霍姆林斯基:《给教师的建议》,教育科学出版社1984年,第517页。

有一位教师在讲"如何写议论文"时对学生说,议论文其实并不神秘,我三岁的小孙女也会"写"议论文。小孙女说:"我最喜欢爷爷了!"这是论点;"爷爷喜欢我,不骂我,买冰棒给我吃,还带我到儿童乐园去玩。"这是四个论据;"所以我喜欢爷爷。"这是结论,并与开头呼应。

我们可以想象,上述两个教学片断一定会让学生们哈哈大笑,这不就是快乐吗?这不就是让学生在快乐中学习吗?

第二,兴趣。如果说乐趣是使学生投入学习的环境条件,那么兴趣就是驱动学生学习最直接、最强大的动力。心理学中将兴趣定义为"一个人力求认识、体验某种事物或从事某种活动的心理倾向"。"力求"这个词很重要,它体现兴趣基于乐趣又超越了乐趣,兴趣更强调"主动地追求",学生有了学习的乐趣就有了"主动"学习的愿望,形成了努力"追求"的学习状态。主动追求的过程有可能是艰苦的、充满挑战的,但因为兴趣的存在,学生能感受到心理上的满足与幸福,这就是兴趣最大的价值。

例如,在学习无穷等比递缩数列求和时,可以用古希腊数学家芝诺提出的阿基里斯追乌龟的悖论营造一个问题情境:阿基里斯是古希腊神话中善跑的英雄。他的速度为乌龟的 10 倍,乌龟在前面 100 米开始跑,他在后面追。当阿基里斯追到 100 米时,乌龟已经又向前爬了 10 米,阿基里斯继续往前追了 10 米时,乌龟又向前爬了 1 米,阿基里斯再往前追 1 米时,乌龟又往前爬了 0.1 米……如此循环,只要乌龟不停地奋力向前爬,阿基里斯就永远也追不上乌龟!学生听完这个故事一定觉得不可思议,这个结论一定是不对的,可是这推理好像还挺有道理的,那么问题出在哪儿呢?

战国时期的惠施曾说过"一尺之棰,日取其半,万世不竭",这是讲一尺之杖,今天取其一半,明天取其一半的一半,后天再取其一半的一半的一半,永远都不会取完。一个有限的物体,却能无限地分割下去,这当然也是一种悖论,而且与芝诺的阿基里斯追乌龟的悖论有异曲同工之妙。随着学习与探究的深入,就会发现还有非常多类似这样的悖论,例如,在《从惊讶到思考:

数学悖论奇景》一书中，作者总共列举了128个数学悖论！[1] 如果学生对这些问题的兴趣被调动起来，就会"主动"探究这些问题的答案，这样的学习效率最高、效果最好！

第三，情趣。"情"指的是情感表达和情感体验，"趣"指的是"趣味"。教学是科学，也是艺术，这其中有文化熏陶、有情感触动，也有美的体验，这些就是情趣的来源，体现了教学高级的品位和追求。教学中的情趣不是臆造的，它有客观基础——美的、有品位的教学行为；同时，情趣也一定表现于师生的情感体验——感受和谐、愉悦、美好、感动等。

最后，我们来分享笔者亲历的一个教学片断——重庆璧山的刘荣海副校长的作文课"做生活的热心人：学会观察生活"，从中感受教学艺术的最高级层次——情趣，并以此作为本书所有案例和点评的尾声与总结。

以下是刘校长在这堂课所用的PPT：

P1："一年好景君须记，最是橙黄橘绿时。"——引子

(P1指第一张PPT，后面的文字是该PPT上的标题或主要内容)

上课当天的早上，刘校长在去学校的路上经过一片橘园，拍下了黄绿相间的橘子挂在枝头的照片，并且配上了苏轼的诗。这非常"应景"，提醒学生体验和观察很重要，生活中到处都有美，到处都有写作的素材，只是有时候我们缺乏发现美的眼睛。

P2："寻常一样窗前月，才有梅花便不同。"——导入

刘校长在这句诗后呈现了学生的一篇习作的片段：

修鞋匠老杨（片段）
重庆市璧山县　杨洁

鞋摊前时常看见一个瘦小的身子蹲在那里，一会儿手握剪刀嗞嗞地裁剪皮革，一会儿手握锉刀咔吱咔吱地锉鞋底，一会儿手摇扎线机咔嚓

---

[1] 韩雪涛：《从惊讶到思考：数学悖论奇景》，湖南科学技术出版社2007年。

咔嚓地扎线，一会儿手握针钻"咬牙切齿"地拉扯鞋底的线头，一会儿又传来几声咳嗽。老杨总是穿着那件褪了色又补过线的"休闲服"，替别人修补过那么多皮鞋雨靴，自己的脚上却总是趿一双凉拖鞋。他身旁的鞋子，都堆成了一座小山。雨天，那些鞋子上还沾着泥垢，他用覆在膝盖上的围布把泥垢擦去，再看鞋子是什么地方坏了，戴着老花镜仔细审视。若是急用的，等着鞋子穿的人，老杨就递过一条小木凳，用袖子擦干净，让人坐下，还用一块纸板垫在那人的脚板下面，他则赶紧替他修补。尽管等的人催得紧，他还是一丝不苟，从不马虎。

鞋补好了，让人试穿一下，问问人家硌不硌脚。等你满意而去，他才取下耳廓子上别人递给他的不知什么牌子的香烟，点燃，衔在嘴上，又去收拾下一双鞋子了。

普通的鞋匠，普通的场景，为什么变得这么迷人？那是因为作者藉由仔细观察表现这个普通场景的"特别之处"！这正是这页PPT所配诗的意思：今晚的月光与从前所见没什么两样，只是有了梅影的衬托，才显得与往常不一样了。

P3："问渠那得清如许，为有源头活水来。"——点题

有了前两页的铺垫，到了第三页，刘校长才以这句诗引出了本节课的主题——"做生活的热心人：学会观察生活"。告诉学生用一颗热爱生活的心和一双敏锐的眼睛观察生活，这才是写好作文的基础，才能成为作文素材的"源泉"。

P4："沾衣欲湿杏花雨，吹面不寒杨柳风。"——"抓住对象特征"的观察方法

这句诗为学生示范了如何抓住被观察对象的特征。"特"是特别之处，"征"是细微之处。"杏花雨"——早春把杏花打湿的雨，"杨柳风"——早春吹起杨柳的风，这样写比"和风细雨"更有美感，尤见得体察之精微，描摹之细腻。

P5："横看成岭侧成峰,远近高低各不同。"——"多角度、多层次"的观察方法

刘校长具体讲了"视、听、嗅、味、触;动静、正侧、远近、总分、比较、换元、移步、异时"等观察的方法,极好地体现了这句诗的内涵。

P6："忽如一夜春风来,千树万树梨花开。"——"展开想象和联想"的观察方法

刘校长为这页PPT配了一张北方冬季的照片:一望无际的白雪,所有的大树都是银装素裹,真是"千树万树梨花开"!观察所得到的素材经过想象的加工,更有趣味、更有意义。

P7："我见青山多妩媚,料青山见我亦如是。"——"倾注主观感情"的观察方法

人与青山互观互赏,互猜互解。既然在人间找不到知音,或许,青山能洞悉诗人的心事吧。刘校长提醒学生,客观事物一旦进入我们的眼睛,我们的内心的情绪情感就会被激荡起来,此时不仅要观察客观事物,也要观察自己内心的情绪情感,这样才能物我合一。

P8："千门万户曈曈日,总把新桃换旧符。"——实践练习

刘校长播放了一段"千手T台秀"的视频,让学生运用本课学习的方法进行观察,课后完成作文。

P9："生活处处皆美景,愿君常做有心人。"——结语

刘校长引用了美学大师朱光潜先生在《谈美》一书序言中的一段话:"阿尔卑斯山谷中一条风景极佳的大路上,有一条标语写着:'慢慢走,欣赏啊!'对此,朱光潜先生感叹,许多人对待生活、对待世界的态度,恰如在阿尔卑斯山谷中乘汽车兜风,匆匆忙忙急驰而过,无暇回首流连风景,这是一件多么可惜的事情。"刘校长将"慢慢走,欣赏啊!"放大,并且配上一幅图——美丽的夕阳下一条蜿蜒的山间道路,这似乎也在提醒我们每一个人,美景易

逝，要仔细欣赏、多多珍惜啊！

P10："只恐夜深花睡去，故烧高烛照红妆。"——升华

最后一页，刘校长以低沉缓慢的声音念出苏轼《海棠》中的这句诗，作为这节课的升华。多美的花，怎么看也看不够，看着它的分分秒秒都是那么美好，怎么忍心睡去呢？此时屏幕上出现了大大的一行字——"慢慢走，欣赏啊！"刘校长缓慢而又凝重地念了两遍。此时，一切尽在不言中，笔者和听讲座的50位校长，凝神屏气，完全被吸引、被感动了。

这样的一堂课，从教学内容上来看：

用：教师将作文与学生的经验和生活现象高度关联起来，让学生体会到，作文要以对生活现象的观察为基础，作文是生活经验的表达。教师给学生传授了明确、实用的观察方法，用以解决作文中的实际问题。

辨：教师没有将观察的知识灌输给学生，而是让学生真正理解什么是好的观察，好的观察有哪些具体方法，为什么好的观察能化平庸为神奇，我们平时在观察中出了什么问题。教师在教学中既有现身说法，又有正面宣讲，还有反面案例，让学生在这多重、多层的信息中进行思辨。

实：刘校长的这堂课可谓"扎实"，把观察方法总结得井井有条、逻辑清晰。而且这堂课不只是知识的传授，还有方法的习得，还有思想上的感悟，学生的收获实在是丰富。

正：本节课的标题不是"仔细观察，写好作文"，而是将观察、作文与更优美的生活联系在一起。仔细观察、善于观察，不仅是为了作文得高分，更是为了让自己有意识、有能力在有限的生命中看到并体味生活的美。橘园就在同学们的身边，可是大家没有发现、感悟到它的美，而会观察的老师现身说法，给学生呈现了一个他们熟视无睹的身边的美。最后刘校长引用朱光潜先生的话，实在是高明，观察是心灵的雕刻，能让我们的心灵细腻、柔软，更能接受、领悟、亲近、发现生活中的美，这不是很重要的价值观的传递吗？

通：这节课最明显的就是学科内知识的相通，刘校长的每一张PPT都是一幅优美的画，都配上一句优美、隽永的古诗，与观察方法交相呼应，让学

生获得多个层面的触动。此外，如前所述，刘校长还将作文知识与生活现象、实践经验关联起来，实现了抽象知识与感性经验的通联。

从教学形式上看：

引：这节课刘校长处处都在对学生进行引导。早上刘校长到学校时偶然穿过学校旁边的橘园，善于观察的眼睛让刘校长将这美景拍下来，并且在上课前将照片放在PPT的第一页，这不就是对学生最好的引导吗？让学生醒悟，没有感受美、观察美的眼睛，就无法发现和体味身边的美，这是多么遗憾的事情。

问："蜂蝶纷纷过墙去，却疑春色在邻家。"刘校长其实是在问学生："我们为什么写不好作文？""为什么觉得没什么可写？"刘校长教给学生的每一种观察方法，都可以用提问的形式展现出来。同时，这整节课都在回答一个非常重要的问题："我们为什么要观察，除了写好作文，这和我们的生活有什么关系？"

比：刘校长的每一张PPT都配了一首古诗，这就是打比方的方式。刘校长还展示了学生的习作，这是举例子。多种不同的观察方法，每种观察方法内还有不同的观察策略，这本身也隐含着做比较。

动：刘校长给学生创设了真实的情境——千手T台秀的视频，给学生布置了真正的任务——让学生仔细观察视频，在此基础上用文字精微刻画这个视频，表达生活的美和内心的感动。

趣：这样的教学不仅能让学生感受乐趣，还能调动学生的兴趣，最终升华为教与学的情趣。这样的教学有知识、有方法、有文化、有情感、有思想。

结语与建议

笔者做了十多年教师培训，深感教师的学养（学术修养）是决定教学水平最关键的因素。培训时笔者所讲的教学原理能得到教师的共鸣，所举的案例教师也是认可的，但是，培训后很多教师却没有办法把这些转化到自己的教学中，最重要的原因可能还是很多教师的学养不足。例如，笔者为人教版小学四年级课文《去年的树》撰写了近万字的文本分析，完全颠覆了教参所设定的文本解读思路，这在培训时得到了教师们的认可。培训后有教师和我联系，反映对于课本中的其他文章，还是只能按教参的思路走，如何才能有自己对文本独特而又合理的解读呢？

福建师大中文系孙绍振教授在《解读语文》的前言中写道[1]：

> 和文本作深度对话，是要有学养做本钱的。对《木兰诗》这样的经典文本，没有学养做本钱，不管主观上多么开放，也是读不出女英雄的文化和艺术的奥秘的。这并不神秘，原因就在于韩愈所说的"术业有专攻"。

笔者非常赞同孙教授的看法，为了对《去年的树》进行文本分析，笔者收集并阅读了十几本书、几十篇论文，这也说明要想实现对文本的深度解读，需要教师加强自己的学养。本书提出了优质教学的十个指标并辅以案例和点评，这有助于教师理解这十个指标，为教师提出了改进和努力的方向。但每个教师面临的教学情境都是非常具体和复杂的，案例和点评只能提供参考，最终教师还是要靠提高自己的学养实现教学改进。

那么，如何提高学养呢？笔者认为，最重要的途径就是教师多读书、多

---

[1] 钱理群，孙绍振，王富仁：《解读语文》，福建人民出版社2010年。

积累教学资源。

2015年6月25日《中国教育报》在其微信平台发表了四川省成都市新都一中语文教师夏昆的文章《教师的真正绝活是——读书!》夏老师写道:

每个有我这样经历的年轻教师想必都能理解这种心态——刚进校作为一个无水平无资本无成绩的"三无"老师,最迫切的愿望就是能够在短时间内迅速提高自己的教学水平,也就是提高学生的考试分数,争取在学校站稳脚跟。更期望的是老教师能够把自己的绝世秘籍毫无保留地传授给自己,就像武侠小说里高手打通后辈的任督二脉一样,让自己轻轻松松地变成高手,从此称雄武林。至少当时我是抱着这样的心态去拜访学校一位享有盛名的老教师何瑞基老师的,向他讨教。

我向他提出的第一个问题就是:要把书教好,有什么捷径吗?

而何老师的一句话让我醍醐灌顶,同时又感觉愧不可当:"有什么捷径?唯一的捷径就是读书!现在是校长要求教师读书,你看有几个校长在读书?教师要求学生读书,又有几个教师自己在读书?这简直是笑话!

"作为一个教师,身上没有点书卷气,就没有了当老师的底气,怎么能叫教师!"何老师告诉我,他经常到学校图书馆翻看老师们的借书目录,可是结果也让人遗憾。"本来借书的人就不多,但是大多数借的要不是《知音》、《家庭》这类消闲杂志,就是教辅资料。读书的品位实在太低!"老先生说着说着又激动起来了。

"那您看我应该看什么书呢?"我终于抓住机会,提出了我最想提出的问题。何老师把我看了半天,几乎是一字一顿地说:"我觉得你应该看'二十四史'。"

……

可是我一个语文老师,花这么大精力去看历史著作有用吗?我把这疑惑告诉了何老师。他说:肯定会有用。首先,任何知识都是有根的,而文史不分家,很多文学知识其实就根植于历史中;同时,语文老师看原版史书,对自己的文言文功底提高很有帮助。

从何老师家出来，我心里既激动又忐忑：激动的是终于实现了长久以来的愿望，能请何老师当面给我以指导；忐忑的是"二十四史"如此浩繁，我能够完成这个任务吗？

可是既然虚心求教，就绝无将何老师的教诲抛之脑后的道理。……我给自己订的目标是每天至少看一卷。为了强制自己，我在当时使用的Windows98系统上设置了一个预定任务，每天晚上8：00，不管我是在听音乐还是看电视或者打游戏，系统就自动打开"二十四史"阅读系统，天天如此，从不间断。

……

语文的根就扎在历史中。我从1998年开始阅读"二十四史"，随着阅读的深入，我越来越深地体会到何老师当初告诉我的那句话：语文的根就扎在历史中。当我在2005年开始读《宋史》的时候，明显感觉到以前学过的很多散乱的知识现在凭借着历史的线被串在了一起，或者更确切地说，历史像一棵根深叶茂的大树，而所有的语文知识都能在这棵树上找到自己合适的位置。而一旦它们找到了自己的位置，就不再是孤立静止的一点，而是随着这棵大树的生长而生长，随着它的壮大而壮大。

我的学生告诉我，他们刚上我的课的时候，每每惊讶于我上课时对与课文有关的知识如数家珍，旁征博引娓娓道来，经常一节课下来，老师连书都没有翻开，但是一切却了然于胸，毫厘不爽。这并非我故意炫技，真正的原因是在阅读了这么多原始史料之后，我已经将课本的知识还原到了它们在历史中各自本来的位置上，而这棵历史之树又是有机联系的，牵一发而动全身，举一反三，触类旁通，因此我的课既立足于课堂，又放飞于课外。而长期大量的阅读更使我对文本的理解和领悟能力上了一个新的台阶，对一些课文中传统的观点也有了自己的视角和看法。

十余年来，我陆陆续续写下了十余万字的读史笔记，结集成书，定名为《一本不正经》，准备出版。而读史更使我在我的另一个爱好——诗词上有了本质性的进步。与这些收获相比，文言文水平的所谓提高都成了阅读的副产品，实在不值一提了。

  每当有人问我："你觉得语文教师应该读'二十四史'吗？"我却总是回答："不一定。"教师的阅读最重要的也许并不是读不读"二十四史"，而是能不能安安静静坐下来读书。不管你选择了哪一条阅读之路，注定都是有遗憾的。因为好书太多，而生命太短，你集中精力读了这些，势必会遗漏那些。阅读能丰富人的知识结构，不过完美的知识结构永远是没有人能够拥有的。但是，只要认真地读了，肯定是会有收获的。教师的"绝活"也许有千千万万，我仍然执拗地认为：只有读书，才是教师真正的"绝活"，也只有这样的"绝活"，才会是从根本上真正对教育教学、对自己的学生有益的。

实现本书的十个指标，需要教师有能力、有实力，这就是夏昆老师所说的绝活儿——读书。读书为教师提供了素材，为十个指标的实现提供了可能性。在前面的案例点评中，笔者反复强调素材的重要性，而这些素材最重要的积累途径就是读书。读书使我们

- 了解更多的知识及知识之间的关联，形成更清晰、完整的知识结构。
- 更好地了解所教知识的来龙去脉和发展路径。
- 发现更多与所教知识相关联的生活经验与生活现象。
- 获得更多的理论知识，从而对知识及知识的关联形成更系统、更深刻的理解。
- 把握前沿知识，形成对知识动态、平衡、批判性的理解。
- 获得高水平研究者的研究成果，整体提高知识层次。

通过多读书，由静态的知识积累而引发动态的知识激荡，这就像一条小溪只能平静地流淌，而一条大河却能够波涛汹涌。有些教学枯燥、平淡，很重要的原因是教师静态的知识储备少而无法形成知识间有效的相互作用。例如，只有当教师掌握的相关知识足够多，才能有更多的角度对所教知识进行解读，或者解释所教知识的来龙去脉，或者就所教知识引发更多的论证……知识既可以形成横向的关联，又有纵向的发展脉络，一个知识可以与其他多

个知识相关联,说明知识都有多个"钩子",一旦某个知识被储备,它就具备了"勾连"更多知识的潜能。

举例说来,笔者在几年前曾读过孙绍振解读的《故都的秋》,对该解读深以为然,其中有一个概念给笔者留下了深刻的印象——日本的"物哀文化"。《故都的秋》充盈物哀气息,直面衰败,欣赏摇落的生命,在素淡平静中呈现事物走向消亡所伴随的美和感动。过了两年左右,笔者看到人教版小学四年级的课文《去年的树》——日本童话作家新美南吉的作品,已经潜藏心底的物哀概念明确地浮现到脑海中,与《去年的树》勾连起来,这促使我查阅了更多的相关资料,做出了与教参完全不同的解读。

再举一例,笔者出差时在机场看"先秦典籍",看到战国时期的惠施说"一尺之棰,日取其半,万世不竭",即一尺之杖,今天取其一半,明天取一半的一半,后天再取一半的一半的一半,永远都不会取完。一个有限长度的物体,却能无限地分割下去,这当然是一种悖论,这使我联想到芝诺的"阿基里斯与乌龟赛跑"的悖论,其本质都反映了有限与无限的矛盾。惠施还有一个说法,"飞鸟之影,未尝动也",这与芝诺的"飞矢不动"一样,在本质上都反映了动与静之间的矛盾。这些知识的关联使笔者找到有关数学悖论的书籍,从而对这个领域的知识有了更全面系统的了解。如果有了这样的知识储备,教师在讲解等比数列求和、微积分知识的时候就可以举出丰富的例子,更有效地激发学生的学习兴趣,帮助学生将抽象知识与感性经验结合起来,并且还有助于培养学生的批判性思维。因此,这同时有利于达到"用"、"辨"、"引"、"比"等多方面优质教学的指标。

总之,随着知识的增加,教师的知识总量及知识之间的关联都将呈现指数级的增长,这样的知识结构就是"牵一发而动全身"的,这为教师上课能够旁征博引、融会贯通奠定了基础。深入而广泛的读书,不仅为教师实现本书的十个指标提供了思路,还提供了素材,让教师可以更从容、更到位地实现高质量的教学。

具体到每一堂课,教师更需要多读书、多积累资料。中国教育报刊社的

"好老师"微信平台2015年7月5日发表文章《〈边城〉还可以这样教!》，我们来看看吴泓老师是如何带领学生进行文本阅读的。

吴老师认为，文本阅读有三个层面：

一是语体层——解读文本的"语体形态"，即文本的语音、语句、语段、句群到篇章结构等。

二是语象层——解读文本的"语象世界"，即文本通过文字所展现和营造的人、事物、景的表象与画面。

三是语义层——解读文本的"语义体系"，即文本的情感、精神、思想、灵魂等，也就是文本的多层意蕴。

基于上述三个阅读指向，吴老师带领学生对文本进行了多重、多向的文本解析。这样的文本阅读与当前大部分语文教学最大的不同在于，教师没有将自己预设的文本解读传递给学生，而是给学生提供了大量有关《边城》解读的素材，让学生以研究的方式对文本进行阅读、解析。以下是吴老师带领学生从一读到四读再到选读的教学过程。

一读（泛读概述）

- 中篇小说《边城》简介（节选）（来源：百度百科）
- 沈从文先生小传（节选）（来源：凤凰读书综合）
- 沈裕慎《凤凰城的沈从文》
- 洪烛《沈从文的前半生与后半生》

二读（挑战性阅读1，朝向语体层）

- 汪凯琼《〈边城〉的语言特点》
- 孙叶林、董正宇《语言资源的整合和自由境界的抵达——〈边城〉新论》
- 苗永《儒家伦理的婚恋观与〈边城〉的爱情叙事》
- 吴丹《〈边城〉的叙事时间分析》
- 刘涵之《论〈边城〉关于命运的三种叙事》

三读（挑战性阅读2，朝向语象层）

- 安承雄《〈边城〉里河水的象征意义》
- 李美容《"湘西世界":沈从文笔下的一个现代神话》
- 高维生《沈从文和虎耳草》
- 戚群芸《孤独的撑渡人——再读〈边城〉》
- 王一丁《要碾坊还是要渡船——第 N 次重读〈边城〉》
- 林忠港、朱晓林《碾坊与渡船:〈边城〉不可忽视的两个意象》
- 儒石《在白塔中获得重生——从"白塔"的象征意义分析〈边城〉主旨》

四读(挑战性阅读3,朝向语义层)

- 张新颖《〈边城〉:这个世界有它的悲哀,却在困难中微笑》
- 姜彩燕《美丽与哀愁——对〈边城〉的再解读》
- 方波、季红丽《沈从文〈边城〉的深层意蕴》
- 朱文斌《关于翠翠成长的神话——沈从文〈边城〉之再解读》
- 陈思和《由启蒙向民间的转向:〈边城〉》
- 徐小平、赵士化《将凋零的爱与美——从〈边城〉看沈从文的"湘西世界"》
- 罗小娟《悲亦美 美亦悲——浅析〈边城〉的悲剧意蕴》
- 全红《为何美丽总是愁人的——〈边城〉"淡淡的忧伤"的寂寞源头》

选读(深度阅读)

- 曹文轩《回到"婴儿状态"的艺术——读沈从文小说〈边城〉》
- 向刚《梦断边城——沈从文〈边城〉分析》

师生讨论

- 从沈从文先生的人生经历当中我们有什么感悟?
- 作家早年的生活环境对作品的创作会产生怎样的影响?
- 怎样理解"文学史上最纯净的一个小说文本"中"最纯净"这三个字?

……

读后"感悟"及"理解"归纳。学生网上发帖，具体如：对沈先生的评价，对沈先生人生的理解和感悟，对作品主题的探究，对作品标题、结尾的讨论，对作品语言、人物或作品中意象和符号的分析，作家生活的环境对作家作品创作的影响，傩文化及傩文化对作家作品的影响，等等。

吴老师明确地提出文本阅读的三个层面，这是合理、清晰的理论表达——理论就是规律的总结和呈现——这显示了吴老师通过大量的阅读，形成了对文本解读规律的认识，这无疑会有效地提高文本阅读的教学水平。

吴泓老师教《边城》，与大部分教师最大的不同在于她为学生准备了这么多的资料。可以想象，她自己阅读的资料可能数倍于给学生呈现的资料，为了一节课，吴老师做了多少阅读和积累！这样做值得吗？我们认为，这不是值得不值得的问题，这是必须做到的，否则就只能按照教参的指示教学。教师应当认识到，教参只是一个"参考"，只是给出了教学的建议，教参的篇幅有限，教参的写作者也可能存在个人的局限，而且教参的内容会"凝固"在出版的时刻，但是所教的知识与其他知识的关联是无限的，这些知识自身也是在不断发展演进的，因此教师必须自主地寻找、选择更多的素材作为教学的资源。

吴老师在文章中写道："对《边城》的解读，不管我怎样的下功夫，可能我都不及从事这方面研究的专家学者。既然如此，我何不直接就用这些专家学者的研究成果呢？"笔者完全同意这句话，所有研究的第一步都是"文献综述"，这样才能最接近研究的前沿，把握研究的现状和全貌，为后续的研究提供扎实的平台与资源。

吴老师收集并选择了大量的资料提供给学生，学生通过阅读高水平研究者对《边城》的解读，直接进入较高水平的文本阅读层次。同时，吴老师给学生提供的资料从不同的视角和层面对《边城》进行解读，这也为批判性阅读提供了充实的素材，这使得学生对《边城》的解读脱离了被动的接受而成为主动的探究和分析，这些资料无疑成为学生主动探究的有效动力和资源。

综上所述，教师多读书、多收集资料对于提高教学质量是重要且必要的，那么，如何读书、读哪些书，又如何收集资料呢？根据教师备课时资料的必要性和重要性进行排序，笔者认为以下六个方面的资料是教师备课时应收集和参考的。

1. 与教学直接相关的学术论文

每一节课、每一个单元都有具体的教学内容，教师可以就这些内容有针对性地寻找相关资料，就像前述《边城》的教学，吴老师针对这篇课文收集了大量相关的资料。资料可以是基础的事实，如历史教学中有关某个历史事件更丰富的信息；也可以是某个抽象概念的相关资料，如有关"函数"更完备的解读；还可以是对原始资料的解读与分析，如美术教学中对某幅画作高水平的评析。

收集这部分资料有一个重要的渠道——网络数据库"中国知网（CNKI）"（http：//www.cnki.net/）。该数据库收集了中国几乎所有的期刊文章，教师可以教学内容为关键词直接搜索相关资料。建议教师首先选择具有以下特征的资料：

- 综述性文章
- 引用率高的文章
- 硕士、博士论文
- 该领域重要研究者的文章
- 有较高学术水准的期刊中的文章

这些资料能够打下一个比较坚实的底子，很快提高教师在某个领域的认识水平。进而，教师可关注这些资料后面的"参考文献"，被不同资料共同引用的资料及其作者应得到高度关注，参考文献中的论文可在 CNKI 上进一步搜索，如果是书，则需要通过其他途径收集。

此外，教师还可以收集、参考其他教师的教案。由于网络的发达与便利，借鉴网络上的教案已经成为很普遍的方法。特别需要指出的是，这有可能成为一种"快餐式"的备课方法,他人的教案被直接"拿来",丧失了研究的形态,这会使得低水平的、花哨的教案大行其道。因此,即使参考网上教案,教师也要判断这些教案的水平,尤其要看教案的作者做了哪些研究工作,收集、阅读了多少高质量的资料,以及是否有独到和深刻的理解。

2. 关键文献及重要研究者的作品

每个学科都有顶尖的研究者,都有核心的研究成果。他们或奠定了基础的研究框架,或进行了开创性的研究,或在某个领域有非常精深的造诣。举例说来,语文教学中解读文学性文本需要进行审美分析,即说明文本表达了怎样的美以及如何表达美。李泽厚、朱光潜、宗白华、徐复观等是中国审美研究的"重镇",教师应系统地研读这些学者有关美学的作品。其他学科也是这样,经过一定数量的文献研读,教师会发现与教学相关的若干核心领域,以及该领域的若干重要作者(学者),教师可系统地收集并研读这些学者的作品,这对于建立坚实的学科知识框架是非常重要的。

例如,叶嘉莹先生的《迦陵文集》[①] 共有十卷,其内容分别是(1)杜甫秋兴八首集说;(2)王国维及其文学批评;(3)迦陵论诗丛稿;(4)迦陵论词丛稿;(5)唐宋词名家论稿;(6)清词论丛;(7)古典诗词演讲集;(8)汉魏六朝诗讲录;(9)唐宋词十七讲;(10)我的诗词道路。这十卷书可谓洋洋大观,是叶先生五十年诗词研究的结晶,其内容之广、见解之深、材料之丰让人惊叹!而且叶先生语言平实、精到、优美,理性与情感并重,其著作读起来顺畅、感人,富有启发性。叶先生这套文集不但为读者赏析古诗词奠定了一个坚实又高远的平台,而且由于叶先生视野开阔,学养深厚,该文集引用了大量其他学者的研究成果,这无疑又为读者打开了一扇窗。作为一个语文教师,类似这样的重要学者的关键文献是一定要研读的,这对于教师完善知识结构、提高教学水平是非常必要的。

3. 应用类资料

抽象知识与生活现象、生活经验的关联,这是实现本书中"用"这一指

---

① 叶嘉莹:《迦陵文集》,河北教育出版社1997年。

标的重要举措。教师要关注生活中科学与社会研究成果的体现和应用,加强相关资料的阅读。例如,笔者曾在偶然的场合看到一段文字,描述了一个生活中的物理现象:如果石英钟没电了,分针最有可能最后会停在"9"的位置,因为分针在这个位置时重力的力臂最大,相应所产生的力矩也最大,在这个位置要想让分针再往上跳一下需要的力最大。这引发了笔者的兴趣,笔者找到一本《生活的物理》①,从中读到了非常多有趣的生活中的物理现象。类似这样的文献对物理教学很有价值,可以充分调动学生的学习兴趣,基于生活经验帮助学生理解各种物理原理。还有数学、地理、化学、生物等学科,教师都需要阅读这样的资料,更好地将学科知识与生活现象关联起来,教师在打比方、举例子、做比较时也会有更丰富的素材。

语文、历史、政治、英语、美术、音乐、体育这些人文学科蕴含的是有关社会现象的知识或审美体验,同样渗透在社会生活的方方面面,教师要敏锐地观察身边的人文知识,或者通过有针对性的阅读收集生活中的人文知识。例如,《舌尖上的中国》是一部非常优秀的纪录片,从食物的视角表现了多重、多向的中国文化的特质,其中有非常丰富的案例可以用在多个人文学科的教学中。再如,《马未都说收藏》是笔者很喜欢的一套书,其中的《玉器篇》中有这样的两段文字②:

> 中国古代工艺一般到了宋代,都会发生一个明显的变化。这个变化是由内因引起的,反映到工艺品本身,变得十分实际,一反唐以前的张扬与浪漫,显得收敛而含蓄。显然,这与宋代理学的发展有很大关系。我们都知道宋太祖赵匡胤陈桥兵变,黄袍加身的故事,他是一个武将,在臣僚的簇拥下,一夜之间当上了皇帝,心中总是不安。赵匡胤虽为武将,但很有心计,他问赵普:"唐末以来,帝王都换了十姓了,兵戈不息,苍生涂炭,这是什么原因呀?我想长治久安,你有什么办法呢?"这

---

① 何定梁:《生活的物理》,上海远东出版社 2003 年。
② 马未都:《马未都说收藏·玉器篇》,中华书局 2008 年,第 86-87 页。

个号称"半部《论语》治天下"的赵普,脑子特别清楚。他说:"原因就是君弱臣强,你没能力控制地方。办法自然是有的,反其道而行之,强干弱枝。"赵匡胤就采纳了这个治国方针,重文抑武,鼓励谏诤。……这一条显然也是宋代文化发达的原因之一。当时赵匡胤还是很虚心,他问赵普:"天下何物最大?"赵普回答得高啊:"道理最大。"治国如此,治玉也如此。宋代的玉器都统一在宋代的文化框架之内,无法逃脱。这个框架是什么呢?我们用两个字概括:收敛。

宋代是中国历史长河中一个非常重要的时期。这个时期,宋代人在前人的基础上,归纳出中国人的思维定势和生活方式。实际上,我们的生活方式从宋代开始定型,至今都没能跳出宋代定下的调子。由于宋代推崇的是文治社会,所以宋代出现了大量优秀文人。宋成为中国历史上的一条文化分界线,宋以后的生活方式与之前的汉唐有很多不同。

这就是渗透在器物(玉器)中的文化,其中有审美、有价值观、有历史,是教师在教学时可以使用的好素材。因此,文科的教师要多关注与日常生活中的人、事、物有关联的纪录片(书),人物轶事,风景名胜历史与传说,文化现象,民间风俗等等,这些都是学生看得到、摸得着的人类文化(人文)在日常生活中的渗透与表达,教学中呈现这些素材会让学生觉得亲切,更有助于他们理解和记忆所学知识。

当然,教师自身的经验也很重要,教师要做一个"有心人",敏锐地将自己的经验与教学关联起来。前文刘荣海校长在路过橘园时拍下美丽的照片,上课前放到PPT的第一页,成为很好的"引"的素材。此外,教师还可以关注学生的经验,如寒暑假后让学生将旅游的照片整理出来,作为一个个的小专题引入到各个学科的教学中。例如,物理课上探讨一下亲身体验的"怪坡"怪在何处(在"怪坡"上,越是质量大的物体,越是容易发生自行上坡的奇异现象。这是由视觉错觉造成的。)在语文课上赏析苏州拙政园里一座雅致的亭子——与谁同坐轩,这座亭子的名字源于苏轼的词《点绛唇》中的一句:"与谁同坐,清风明月我。"在地理课上分析同学去过的"火焰山"所处的吐鲁番地区的地质、地貌、气候、植被等。在美术课上欣赏学生在博物馆拍下的精美的古玩的照片，分析其动人的美及高明的艺术手法。

4. 学科知识发展史

教科书中的学科知识是人类知识发展、积聚的成果，这些知识有着前后的顺序和发展的脉络，即学科知识自身有其发展的历史。教师只有清晰地把握了学科知识发展史，才能通晓知识的根脉、发展线索以及知识之间的关系。

举例说来，鲁迅的《中国小说史略》是我国系统研究小说史的第一部完整的、高水平的著作，中国所有的小说研究都无法绕过这一重要研究成果。对教师来说这也是一本必读的书，有了这本书做底子，教师在讲中国小说时就可以定位它在整个小说发展链条上的位置，明确其在特定历史背景下的性质、特点、与其他文学形式的关联，进而可以探索其更多的文化背景，从而带领学生更好地解读小说。

再以数学为例，在《数学史》[①] 一书中，对于微积分这一极其重要的数学知识，作者有这样一段话：

> 关于微积分，我们考察终于导致微积分发明的最后几个步骤之前，先回忆一下数学界为了准备这一伟大发现所历经的道路是有帮助的。为了给微积分奠定它的最后形式，虽然要有极高的天才，但它仍有一段漫长的历史。微积分并非没有其前身而突然产生的；它的发明是许多学者长期辛勤发展起来的一连串数学思想的结晶。我们在前一章曾指出，欧铎克色斯和阿基米得在确定一条曲线所围的面积时用过穷竭法，在这个方法中可以清楚地看到无穷小分析的原理。我们也看到，在经过将近2000年之后，卡佛来利又重新恢复了这方面的探索。他用他所发展起来的极微分割法能算出许多图形的面积和体积，虽然在他的工作中所用的只是一些解决特殊问题的孤立的、比较粗糙的方法，但仍可得出正确结果。卡佛来利的方法后来又经过托里拆利、罗伯佛耳、费尔马、惠更斯、

[①]（英）斯科特：《数学史》，商务印书馆1981年，第189页。

华里斯和巴罗等许多几何学家的推广与改进，逐渐开始形成了今天积分学中求和法的形式。

由此可以看到，任何一个知识都不是凭空出现的，都是人们长期实践和摸索的结果，教师在教授某个知识时，不但要让学生了解这个知识本身，还要让学生看到这个知识的发展演化的路径。重要的是，这个路径本身就负载了众多的数学思想方法，如上文所提到的穷竭法、无穷小分析、极微分割法等等，这些方法与今天积分学中求和法都是有关联的。教师如果能呈现这些学科知识发展的历史，学生的收获就会扩展为丰富的数学知识、数学方法以及数学思想。

再以一个数学中的具体知识点为例。有一次笔者听了一节初中数学课，是有关"有理数和无理数"的。课后一个学生问老师："有理数和无理数中的有理、无理是什么意思？为什么叫有理数和无理数呢？"老师几乎没有怎么考虑，就对学生说："就是这么规定的，没什么原因。"我觉得学生的这个问题非常有意思，而且起这样的名字应该是有原因的，晚上我通过网络找到了答案。在中国"有理数"一词是从日文翻译过来的，而日文又是从英文翻译过来的，有理数的英文原文是"rational"，这个词的基本含义是"理性的、有道理的"，但这个词是从拉丁文"ratio"演变过来的，"ratio"的含义是"比例、分数"——这才是有理数的本质含义——能表达为分数的数。所以，有理数这个翻译是字面含义，没有准确反映这个词的数学含义（翻译成"能表达为分数的数"可能更合适）。能表达为分数的数被翻译成有理数，无法表达为分数的数（无限不循环小数）自然被翻译成"无理数"了。这就是一个知识点的来龙去脉，这个数学概念是"有历史"的，解释这段历史对学生准确、深刻地理解有理数和无理数特别有利，可惜老师没有抓住这样一个好机会。

总之，教师在教授某个知识时，应当引导学生了解这个知识的根源和发展路径，这样就能让学生清楚地知道这个知识在不同的发展阶段面对了什么问题，解决了什么问题，这样的教学能使学生的收获非常丰富和扎实，所学知识前后贯通，对知识也能形成更深刻的理解。正如牛顿所说：If I have been able to see further, it was only because I stood on the shoulders of giants. （如果说我看得比别人更远些，那是因为我站在巨人的肩膀上。）学科知识发展史的学习还会让学生看到学科发展道路上那些伟大人物的背影，看到人类的智慧与努力，学科知识因而变得有血有肉、有情有义。

前面案例分析中引用了高中数学教材"主编寄语"的一段话，这段话强调"数学是自然的"，即数学概念、数学方法与数学思想的起源和发展都是自然的。如果有人感到某个概念不自然，是强加于人的，那么只要想一下它的背景，它的形成过程，它的应用，以及它与其他概念的联系，你就会发现它实际上是水到渠成、浑然天成的产物，不仅合情合理，甚至很有人情味。很多学生学习学得很苦、很无趣，就是因为他们学习的内容"不自然"，他们不了解知识的来龙去脉。因此，教学一定不能忽视学科知识发展的历史，这关乎知识的背景、形成过程、应用、和其他概念的联系，这决定教师是否能把课讲得水到渠成、浑然天成、合情合理，甚至很有人情味！

5. 学科理论

学科理论是对学科知识本身和获得学科知识的手段的认识，学科教学论也要以学科理论为基础，对学科理论的把握是教师的基本功。

以《文学理论基本问题》为例，以下是该书的目录[①]：

    第一章 什么是文学

    第二章 文学的思维方式

    第三章 文学与世界

    第四章 文学的语言、意义和解释

    第五章 文学体裁和文学风格

    第六章 文学的传统与创新

    第七章 文学与文化、道德及意识形态

    第八章 文学与身份认同

[①] 陶东风：《文学理论基本问题（修订版）》，北京大学出版社2012年。

通过这个目录我们可以看到，文学理论关乎文学的本质、文学形成的过程、文学的表现方式和特点、文学的分类、文学自身的发展、文学与其他文化因素的关系等。教师在讲解任何一篇文学作品的时候，可能都要从这些角度对作品进行分析。因此，文学理论提供了文学文本分析的视角与工具，这对教学来说当然是非常重要的。

很多教师不喜欢学习理论，觉得枯燥、没用。但是，理论是规律的总结与呈现，掌握学科理论能够更好地理解与呈现学科知识。例如："隔"与"不隔"是王国维在《人间词话》中提出的评价诗词作品的标准，也可看作诗词的审美旨趣，是对诗词赏析规律性的认识，这就是文学理论。徐复观站在读者的角度对"隔"与"不隔"进行了解释[①]：

> 诗词的隔与不隔，先粗浅而概略的站在读者的立场说，作者所写的景、所言的情，能与读者直接照面，那便是不隔；若不能与读者直接照面，不仅须读者从文字上转弯抹角地去摸索，并且摸索以后还得不到什么，那便是隔。……钟嵘《诗品》序所说的"皆由直寻"的"直寻"，李太白《古风》所说的"垂衣贵清真"的"真"，都指的是不隔。不隔的，表现得真而完全；隔的，表现得不够真，因之也不完全。不隔的作品，可以把读者引到作者创作时同等的境界，与作者同其感动，与作者同其观照。

徐复观对"隔"与"不隔"的解释也是理论，只不过换了一种表达方式，对"隔"与"不隔"的内涵与外延做了进一步的解释。如果教师能将理论与教学关联起来，理论就会显现出巨大的价值。例如，老舍的《草原》入选人教社小学教材（选文是节选），文章开头写道：

> 自幼就见过"天苍苍，野茫茫，风吹草低见牛羊"这类的词句。这曾经发生过不太好的影响，使人怕到北边去。这次，我看到了草原。那

---

① 徐复观：《中国文学精神》，上海世纪出版集团 2005 年，第 47—48 页。

里的天比别处的天更可爱,空气是那么清新,天空是那么明朗,使我总想高歌一曲,表示我的愉快。在天底下,一碧千里,而并不茫茫。四面都有小丘,平地是绿的,小丘也是绿的。羊群一会儿上了小丘,一会儿又下来,走在哪里都像给无边的绿毯绣上了白色的大花。那些小丘的线条是那么柔美,就像没骨画那样,只用绿色渲染,没有用笔勾勒,于是,到处翠色欲流,轻轻流入云际。这种境界,既使人惊叹,又叫人舒服,既愿久立四望,又想坐下低吟一首奇丽的小诗。在这境界里,连骏马与大牛都有时候静立不动,好像回味着草原的无限乐趣。

"这曾经发生过不太好的影响,使人怕到北边去"这句话很奇怪,很突兀,无论在内容上还是在情绪上都无法和前言后语连贯起来。"一碧千里,而并不茫茫"很抽象,想说明什么?"平地是绿的,小丘也是绿的"这句话用了排比,却显得很乏味。"羊群一会儿上了小丘,一会儿又下来"这句话也很普通,但后面的一句"走在哪里都像给无数的绿毯绣上了白色的大花"显示了作者的文字功夫,这个意象的画面感很强,画面很美好,而且是动态的。"那些小丘的线条是那么柔美,就像没骨画那样,只用绿色渲染,没有用笔勾勒,于是,到处翠色欲流,轻轻流入云际"这句话写得好!把草原的景色比成一幅画,作者也确实通过文字勾勒出这幅画。"流"字用得好,"翠色欲流,轻轻流入云际",语言上很悦耳、流畅,有歌咏的感觉。"流入云际"使得人们的情感随着自然的景象升华,朝向了高远和深邃。"这种境界,既使人惊叹,又叫人舒服",这句话似嫌多余,把具象、感性的情绪进行了抽象总结,前面的意象创设得那么好,读者也会有丰富的情感共鸣,甚至可能比"惊叹"和"舒服"复杂、深刻得多。后面接续的"既愿久立四望,又想坐下低吟一首奇丽的小诗"显示了草原的诗意,以及"物我两忘"的心境,只是这句话太直白,不够细腻精致。最后一句"在这境界里,连骏马与大牛都有时候静立不动,好像回味着草原的无限乐趣",比较生硬的拟人,让人读了有不知所谓之感。

文章的中间写了好客的草原人民对作家代表团的热情接待。作者在文章的最后写道：

> 看那马群吧，既有短小精悍的蒙古马，也有高大的新种三河马。这种大马真体面，一看就令人想起"龙马精神"这类的话儿，并且想骑上它，驰骋万里。牛也改了种，有的重达千斤，乳房像小缸。牛肥香草乳如泉啊，并非浮夸。羊群里既有原来的大尾羊，也添了新种的短尾细毛羊，前者肉美，后者毛好。是的，人畜两旺，就是草原上的新气象之一。

这样的文字已经很难算是散文了，没有什么文学性，勉强而生硬。

该文创作于1961年10月13日，老舍跟着文艺工作者代表团去了内蒙草原，表达中央对少数民族地区民族大团结的重视，因此这次的采风有特定的政治意义。语文教学中，教师如何引领学生对这篇散文进行评价？此时王国维"隔"与"不隔"的理论及徐复观对这个概念的解释就能派上用场了。这篇散文的问题就是作者所写的景、所言的情不能与读者直接照面，中间像是隔着一层纱。读者要揣摩而不能确认作者表达的情感，而且所获得的情感体验是矛盾、晦暗、生硬、别扭的。由于情感表达的"隔"，作品无法把读者引到作者创作时同等的境界，读者也无法与作者"同其感动"、"同其观照"。造成这种现象的原因是老舍被要求以文学的形式完成政治任务，这本身是矛盾的，对老舍来说可能也是非常困难的。因此，作者所表达的情感不"直"，不"真"，不"完整"，这是这篇散文失败的根本原因。

由此可见，学科理论给我们提供了解读学科知识的方法和工具。好的理论往往是大学者基于自己深厚的学养提出的规律性的认识，这些理论完美、准确、深刻地表现了事物的本质，对于我们认识事物有极强的引领作用。我们可能用一大堆的话都说不清楚的内容，这些大师可能一句话就进行了完美的阐释，拒绝这些好的理论太可惜了！前述吴老师教《边城》，引用了那么多的材料，其中有很多内容是从文学理论的角度对《边城》进行评价的，这无疑有效地提高了《边城》解读的准确性与层次。因此，教师不但不能拒绝学科理论，还要多研读好的学科理论，并且努力与自己的实际教学联系起来。

6. 相关知识的扩展阅读

如前所述,学科之间是有关联的,教师在讲到某个学科知识时,不可避免地要联系其他学科的知识。

《庄子·秋水》篇记载了这样一个故事:庄子与惠子游于濠梁之上,庄子曰:"儵鱼出游从容,是鱼之乐也。"惠子曰:"子非鱼,安知鱼之乐?"庄子曰:"子非我,安知我不知鱼之乐?"这样的一个故事含有明显的哲学意味,是一个标准的哲学思维中有关认识论的问题。这个问题包含两个层面:第一,就人是否能感知鱼之乐来说,人是认识的主体,鱼是认识的客体,对立的双方是人的认识(心)与外在客观世界(物),这是关于"心"与"物"关系的问题;第二,就庄惠二人之间能否相互感知来说,庄惠二人是两个认识主体,这就牵涉不同个体之间的"心"能否相互感知问题。这个故事包含的具体认识论问题包括:世界的本质是客观的还是主观的?人们可以认识这个世界吗?可以将自己的认识结果客观地表达出来吗?他人可以完全地、没有偏差地了解我们的认识吗?

语文教师在讲这个《庄子》中的故事的时候,必然要触及认识论的知识,学生也会不可抑制地对这个故事中的认识论问题产生探究的兴趣。关于这个故事及其中的哲学问题,我国的著名学者侯外庐、杨向奎、李建钊、汪奠基、伍非百、严北溟、郭沫若、童书业等都有专门的研究,[①] 这就要求教师研读相关的材料,择其精要在课堂上进行讲解(注意,不能把语文课上成哲学课,要控制讲解、讨论哲学问题的时间,建议教师将准备好的相关资料发给学生在课下研读)。

再以生物与数学的结合为例,下面是一个利用数学方法解决生物问题的案例。

在畜牧业中,猪的饲养者需要随时了解猪的体重,然而在实际工作中,活体猪的测量比较费事。而猪的各种性状之间都具有一定的联系,可以从体

---

① 马添翼:《"濠梁之辩"之我见》,《淮阴师专学报》1997年第3期。

长预测体重。为了揭示它们之间的关系，经过调查对中国北方猪种获得一批数据①：

体长(厘米)	体重(公斤)
136.6	161.9
157.5	200.0
139.0	176.5
144.0	205.0
138.6	180.2
138.6	113.0
141.9	148.0
149.7	180.3
134.6	133.8

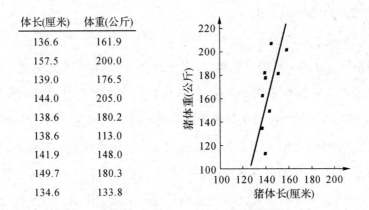

将这些数据作出散点图（见上图），每次测量获得的一组数据在图中以一点表示。在图中大量数据构成的散点图虽然因随机性的影响呈现出不规律性，但是我们仍然能看出其表现出一定的规律。体长愈长，体重愈重，二者表现出变化相互关联的趋势。图中的散点在一定的范围近似表现为线性关系，可以设想以一条直线来代表体长与体重的关系。根据该直线基于体长对体重进行预测，这种统计方法就是最简单的一元回归分析方法。当然，这个模型是比较粗糙的，估计猪的体重只考虑了体长这一个因素，还有蹄高、胸围、胸深和背膘厚等因素对猪的体重有预测意义，要想更精确地预测，就需要建立多参数的回归模型，即运用多元回归方法。

对于数学教学，这个案例可作为统计回归方法学习的"引"和"比"；对于生物教学，此案例是整合数学方法的一个很好的切入点。这在生物中属于"生物统计数学模型"，还有"生物分类数学模型"、"生物演化数学模型"、"生物信息论"等等数学与生物相结合的领域。不仅生物与数学有关联，化学、物理、地理等学科也与数学有紧密关联，并且形成了"化学数学"、"物理数学"、"地理数学"等交叉学科。

---

① 徐克学：《生物数学》，科学出版社1999年，第23页。

总之，教师在教学时要在多个学科、多个领域之间"游移"，实现"他山之石以攻玉"，从而让自己的教学更扎实、更有效、更吸引学生。建议学校以学科组为单位，每个学科建立一个包含以上六类资料的阅读目录，并且随着教师研读的深入不断更新和优化这个目录。这能使教学与研究的结合更紧密，对于提高教学质量大有裨益。

课堂是教师见高低的地方，更是师生共同成长的地方。课堂值得教师用心"建构"，更值得教师努力"重塑"。优质教学是所有教师永远的追求，这是一条有艰辛更有风景的路，期待更多的教师在这条路上不断地追寻、努力地探索。

后 记

本书以"案例+点评"的方式呈现,是理论工作者和实践探索者的通力合作。鲜活的教学案例生动诠释了素质教育如何落实在课堂教学中,理论点评从教育学、心理学、学科教学论等多个角度对具体教学经验进行概括与提升,揭示案例背后的规律与原理。这样的结合不仅让每个教师"知其然",更有助于"知其所以然"。我们希望这本书能激发教师的教学潜能,促进教师重视教学的顶层设计,让教学立意更高、过程更优、效能更强;也希望更多的教师能意识到教学反思的重要性,激发教师理论学习的热情,在教学中通过概括和反思把握教学规律,进而依据教学规律修正与提高自己的教学。

这本书凝聚了湖南师大附中集团校教师的汗水和辛劳。案例收集之日正是学考、高考紧张冲刺之时,老师们抱着"有趣味、有意义、有责任"的态度在短短的两个月就高质量完成了任务,这就是湖南师大附中教师的教育情怀,这就是推动湖南师大附中不断跨越发展的学校文化!在此深深地感谢参与本书编写的所有老师们!

最后感谢本书的编辑华东师大出版社的任红瑚女士,从整体框架到具体内容,任女士都提出了非常中肯的建议和修改意见,她的敬业、专业给我们留下深刻印象。

著 者